学前声乐教学的创新与探索

严小琴　吴树燕　著

吉林文史出版社

图书在版编目（ＣＩＰ）数据

学前声乐教学的创新与探索 / 严小琴, 吴树燕著
. -- 长春 ：吉林文史出版社, 2017.1
ISBN 978-7-5472-3828-8

Ⅰ. ①学… Ⅱ. ①严… ②吴… Ⅲ. ①声乐艺术一教学研究一学前教育 Ⅳ. ①G613.5

中国版本图书馆 CIP 数据核字(2017)第 026265 号

学前声乐教学的创新与探索

著　　者	严小琴　吴树燕
出 版 人	孙建军
责任编辑	陈春燕　张　蕊
封面设计	刊　易
出版发行	吉林文史出版社有限责任公司
地　　址	长春市人民大街 4646 号
网　　址	www.jlws.com.cn
制　　作	山东刊易文化传播有限公司
印　　刷	济南新广达图文快印有限公司
开　　本	710毫米 X1000 毫米　1/16
印　　张	12.5
字　　数	130 千字
版　　次	2017 年 6月第 1 版　2022 年 8月第 3 次印刷
书　　号	ISBN 978-7-5472-3828-8
定　　价	43.00 元

前　言

　　随着我们国家的社会和经济的全面发展，人们对学前教育的重视程度不断深入，对当今的幼儿教师提出了更高水平的要求，既要有高学历、又要有高素质、还要有把知识很好的传授给学生的教学能力。在声乐这门学科上应该怎样对症下药，用什么样的教学方法、采取怎么样的教学手段去教学，才能让学生毕业以后更能适应社会的需求，为国家培养出高、精、尖的后备军，成为当下急需研究的一个问题。作为一名学前声乐教师，能够通过研究实践，找出更有利于学前专业的声乐教学方法，则会使学生在有限的学习过程中，获得最多的相关知识及能力的收益。此外，学前声乐教学创新可以为培养高素质的幼儿启蒙教育人才提供理论基础，对当前的学前教育教学具有一定的现实意义。

　　本书共计 6 章，合计 12 万字。由江西师范高等专科学校学前教育学院副教授严小琴与江西师范高等专科学校艺术学院讲师吴树燕撰写，因时间比较仓促，加上水平有限，在写作的过程中难免出现纰漏之处，敬请读者谅解。

目　录

第一章 学前声乐教学的基本概述

第一节 学前教育的重要性

人常说"三岁看大，七岁看老"，可见幼儿时期的表现对将来有着重要的影响。学前教育对幼儿心理素质、生理素质、文化的素质在未来的发展中都会打下坚实的基础，对于他们性格的形成和在日后的发展都会起到良好的作用。从对学前教育的定义中我们可以看出来，学前教育在教育中的地位是多么的重要。作为从事学前教育的幼儿教师来说在教育中起着举足轻重的作用，他们不但要教给学生一定的文化知识，还要全面提高学生的素养。在心理上，幼儿时期是培养孩子兴趣爱好的关键时期，所以教师在进行学前教育的时候一定要选择适当的方法对孩子进行心理上和生理上的教育。在道德上，要教育孩子应该遵守文明道德，学会仁义理智。思想上，老师不仅仅是知识的传授者，还应该通过对知识的讲解、分析、升华对孩子进行思想上的教育，比如：爱国教育、节约意识教育、关爱他人教育、集体主义教育等等。在习惯上，教育学前儿童从小养成良好的生活和学习习惯；在能力上，通过教育全面提升学生的综合能力等等。学前教育的教学过程是对孩子进行全方位的教学过程，它不但包括文化知识、生理心理知识，而且好的习惯和好的品德都是在这个阶段形成的，直接影响孩子今后的发展。作为一名优秀的幼儿教师在教学时应该有着自己的正确方法和良好的教学手段，她不但要有一定的知识和能力素养，还要亲近学生，关爱学生，有很好的生活习惯和优良的道德品质。同时在这样的环境中也能让教师体验到自己责任的重大和自己事业的崇高，从而全面的促进幼儿的学习和提升孩子们的修养，同时也能够让这些孩子在未来形成良好的性格和为人处事的能力。

第二节 学前音乐教学的特征

学前教育专业作为一个较新型的专业而存在，在教学方面应该有他本身的特点。目前，在进行学前教育声乐教学的过程中大多数还是停留在传统的教学模式和教学思维上。没有体现学前专业音乐教育的特征和他的个性化，其中主要表现的就是声乐教学的内容过分专业化、教学质量差、效率低。学校培养出来的学生大多数技能和一些专业知识的掌握不够到位，学到的知识不能很好的运用到实践中，很难适应社会的需要。

一、打破以往培养专业人才的教学模式

大多数学前专业在教学的过程中主要还是停留在模仿的阶段，或者按照别的学校的教学模式进行生搬硬套，没有自己的创新点和创新特色。音乐教学的主要目的就是为了提高学生在音乐方面的技能，让学生全面的了解在幼儿教学过程中对音乐教学的方法和手段，所以说，学校要想把他们培养成为一名优秀的幼儿教师不仅仅要传授他们的教学技能，同时还应该教给他们在幼儿教学过程中的一些方法和应该注意的一些细节，教学理念和教学的艺术性是学前教育专业特有的思维教学模式。在新的形势下，不但应该注重音乐知识的学习、实践技能的锻炼，同时更加注重音乐教学能力的培养。要知道我们培养的目标是幼儿教师而不是专业演员；我们不仅仅教给学生知识和技能，还要让他们学会

如何教学；教学中要注重是全体学生，全面提高整体音乐素质而不是片面注重技能的训练；积极发挥学生的主观能动性，教学能力的提升不能仅靠灌输还要让学生变被动学习为主动学习。所以在学前教育中，应该顺从教育的发展趋势，符合国家的教育理念，这样才能够培养出适合社会需要的人才。当今，高师学前教育专业主要还是实行简单的教学方法和教学手段没有形成综合的课堂模式，同时，教学的内容和教学大纲是比较落后的，教学的内容没有跟上时代的潮流，学前教育的教学理念必须要符合当今社会发展的需求，才能培养出社会上所需要的人才。

二、音乐课程教学向综合性发展

当前，很多院校在教学的过程中已经意识到了综合知识教学的重要性。现在我们国家在学前教育已经渐渐的走向了综合化的发展道路，能够让学科之间有着一种系统化的发展，因此，只有在课堂教学中达到了科学合理的组合才能够让教学达到更好的效果，进一步的发挥在教学过程中的优势。

（一）声乐艺术的多学科综合性

在学前教育声乐教学中也是可以划分为声乐技能训练课程和声乐理论课程，声乐这门课可以说是一门由多种学科结合起来的艺术学科。首先，一首歌曲当中有歌词和歌谱，歌谱是文学性的语言属于语文学科，通过歌词的朗读和理解提高学生的语言表达能力和理解能力。歌谱属于音乐里的视唱内容，通过视唱歌谱可以提高学生的音准和节奏感，通过唱谱可以增强学生的歌唱美感，和整体的歌唱感觉。声乐理论课程包含了生理学、物理学、舞台表演等。舞蹈和器乐不细分的话也属于音乐的范畴。在教学中如果把这些课程进行综合这样可以增加学生在学习过程中的使用价值，学生的学习就能得到很好的贯通，为将来更好的适应社会做好铺垫。

（二）把握课堂气氛提升综合能力

良好的音乐教育是有着意向性的思维模式的，在教学的过程中应该努力营造轻松愉快的课堂气氛，因为音乐是有活力的，所以教师在教育学生的时候应该注意对课堂气氛的把握，好的课堂气氛能充分激发学生的想象力和创造力。受传统教学模式的影响，高师学前教育专业的声乐教学具有着一定的模式化，教学模式循规蹈矩，这样就导致了学生在声乐学习的过程中一些特有的灵感和直觉受到了很大的限制，所以，教师在教学的过程中应该注重营造轻松欢快的课堂气氛，根据学生对所歌唱的作品的理解，展现画面并画出来，让学生展开想象的翅膀去想象去创造，更加丰富学生的想象力，使学生的创造力得以培养。在教学的过程中对于一些曲目和乐谱的创作，老师主要是起到引导作用。

（三）多元化知识的综合传授

学前教育专业学生作为未来的幼儿教师应该具有传播知识的能力，把我们在声乐课上学到的知识运用有效的方法，综合的传授给学生，让学生通过声乐课不只是学会了一首歌，而是知识的全面融合，使孩子们的素质得到全面的提升。作为一名教师，我们有义务把多元化的音乐传播给学生，这样就能把学生的音乐视野拓宽。第一，要在教学方面上，改变西方声乐教学对我们的影响，应该让学生更多的了解具有自己民族特色的音乐。第二，学前教育专业教师在教学的过程中不要过于古板，应该鼓励学生进行课堂方面的大胆创新，多注重在课堂上的实践。同时，作为一名合格的教师，应该明确学前专业音乐教学的特殊性，明确本身主体的特征。这才是我们的教育目的所在。

第三节 学前声乐教学的作用

歌唱是人类最原始、最本能的音乐表现形式。每个人可以说在娘胎里就在接受歌声的熏陶，幼儿之所以喜欢歌唱一方面是因为他们对这种声音熟悉，另一方面是因为他们随身带着这种歌唱的乐器—声带，方便他们去唱。现在的幼儿大多数都是独生子女，他们从出生家长就是捧在手里怕掉了含在嘴里怕化了，做什么事情都不让他们自己动手，亲力亲为，这样时间久了就导致他们依赖性强，自理能力差，一些生活上的小事他们都不会做。在声乐教学中，有关热爱劳动的学前儿童歌曲往往被教师所选用，由此来激发学生热爱劳动，认识劳动最光荣，自己的事情自己干，从而提高他们生活的自理能力。比如：《劳动歌》《我们爱劳动》《热爱劳动》《太阳和我做值日》《粉刷匠》等等。我们说，每一首学前儿童歌曲都有它内容，通过歌词我们可以直接感受到它的内在含义，从而使学生得到思想上的教育。举个例子，比如《娃哈哈》这首学前儿童歌曲，通过歌词我们很明显地看出它是一首赞美祖国大好河山的儿歌，表达了小朋友对祖国河山的热爱，同时也是对祖国的赞美。通过学唱这首歌曲，让学生充分认识到我们祖国的美丽。同时也陶冶了学前儿童的精神情操，激发他们爱国主义的热情。同时这首儿歌的旋律节奏性强，活泼欢快，符合学前儿童的年龄特征，适合学前儿童去演唱，让学前儿童在歌唱时体会旋律的美感，激发他们的审美情趣，提高他们的审美意识。同时让学生在歌唱时通过肢体动作展开想象的翅膀去想象我们祖国的大好河山的美丽景象从而发展了学生的想象力，也开阔了学生的视野。通过声乐教学，可以激发学生的创造能力，比如《小雨，沙沙》这首儿歌，用沙沙这个象声词贴切的描绘了下小雨时的声响，让学前儿童紧密的与生活实际联系起来，问他们小雨的声音是不是这样呢？那下大雨又是什么样的声音呢？学生就会去思考、去想象、去创造，还可以让学生把下雨的情景用简单的图画画出来，从而激发了他们的想象力和创造力。我们还可以让孩子把喜怒哀乐用声音来表达，这样来激发孩子的创造力和想象力。如《好妈妈》这首儿歌，通过歌词让孩子懂得劳动的辛苦和妈妈的不容易，要孝敬长辈，爱长辈，教育孩子要树立爱劳动的好风尚；同时通过声音，把孩子一天没见到妈妈看到妈妈回家后的喜悦心情表达了出来，声情并茂富于表现力的演唱，对孩子以后树立正确的人生观和价值观起到了潜移默化的作用。声乐是听觉的艺术，听一些有意义的音乐有利于他们思想品德修养的提升。当孩子哭闹的时候，给他唱《摇篮曲》他就会很快的安静下来，当环境比较乱的时候选择节奏舒缓的歌曲唱给他们，情绪低落的时候叫他们唱些节奏性较强的歌曲，从而使他们的情绪得到调整，对他们形成良好的性格和品质有着积极的作用。同时，声乐可以帮助幼儿进一步的适应生活，让他们感受到生活带给他们健康快乐的气息。教师在对幼儿进行声乐教学的过程中，对歌曲形象的示范演唱，可以让幼儿深刻感受到声音美、形象美、表现美，让学前儿童在学习的过程中感受到欢快而活跃的情感。同时使学前儿童的注意力和学习兴趣得到提高。声乐的学习有助于学前儿童和自然协调一致，声乐教学可以对学生的感官世界更加的清晰，加强学生的表现能力、情感表达能力和鉴赏能力，进一步的促进孩子们的健康成长，实现幼儿个性化和艺术化的发展。

声乐教学有利于幼儿综合能力的养成，在声乐教学的过程中，学生必须掌握必要的发声方法和技能技巧，使他们的专业知识得到提高，通过学唱歌曲提高了学生的视谱能力；通过对作品的分析讲解提高学生的理解能力；通过表演和比赛使学生的舞台经验得以丰富同时也锻炼了他们的胆量。在合作歌唱中提高了学生的协作能力和与人沟通的能力，学生综合能力也会通过参加声乐活动而得到提高的。

（一）声乐学习符合孩子的心理情趣

与器乐的一些曲子相对比，歌曲更加的短小精湛，儿童会在很短的时间内就学会唱一首简单的歌曲。但是如果是器乐的曲子，就要花很长的时间去学习。可能要 1 节或是更多节课的时间来学习一首曲子，而声乐往往会在一节课中学习几首不同的小曲子。儿童注意力集中的时间不会很长，简短而又朗朗上口的歌曲会让小孩子在短时间就学会。可以在下课后马上就找家长或是小伙伴们表演自己学习的歌曲。使儿童很容易得到成功的满足感，这会让他们越来越喜欢声乐。现在演出比赛的机会非常多，可能走到哪个商场就会有举办比赛的活动。学习器乐的不可能将乐器天天背在身上，学习钢琴的更是被条件所限，因为毕竟不是所有的活动都能有条件搬台钢琴。这样，学习器乐的大多都是参加考级，而比赛演出的机会不是特别多。但是声乐并不是，歌喉是每个儿童都有的乐器，歌唱正是儿童可以随时随地参加的音乐活动，因此能够得到更多的锻炼机会，柯达伊认为，"儿童只有积极参加艺术实践活动，才可能获得音乐的体验、获得真正的音乐文化。"

在得到掌声和鼓励后，小孩子会更愿意表现自己，更加的自信，有益于儿童的身心健康发展。一般来说，乐器初学阶段都有非常多的基本功练习，枯燥而费力，往往一首曲子要反复的练习，每天 5 遍 10 遍 20 遍，往往是半小时或是一小时，遇到考级的时候更是要练上 2—5 小时，小孩子往往很难具备这样的耐力与兴趣。如果顺利通过考级，家长老师可以教育孩子说"成功是需要付出努力的"，孩子的辛苦没有白费得到成功，可能会让孩子继续坚持学习。但是如果没有通过考级，可以想象会对孩子造成怎样的心理伤害，大部分孩子会因此失去对音乐的兴趣和坚持。唱歌是每个孩子都喜欢的，几乎所有的孩子都曾经有过自言自语一般地唱歌和编歌的成长阶段。看到动画片，听着片头曲片尾曲，会不自主的跟着哼唱。现在很多的小孩子都会唱一首叫做《喜羊羊与灰太狼》的歌："喜羊羊，美羊羊，懒羊羊，沸羊羊， 慢羊羊，软绵绵，红太狼，灰太狼……"仔细分析这首歌，字数又多又复杂，曲调也不是很简单，有的小孩子不认识这些字，却可以很清晰的唱出歌词。不需要老师或家长一字一字的教授，也不需要强迫孩子去学习，小孩子们只要看到这个动画片，跟着哼唱几次，很快就会学会，如此的简单和轻松。最重要的是就算小孩子要开始系统的学习声乐，也不用要求孩子回家每天练习唱一首曲子要唱几遍几遍的，也不用自己在家练习发声，声乐老师在针对儿童声乐教学时也很少会给孩子规定练习时间。本人在进行声乐教学时，针对儿童，不仅不会留练习作业，反而还会叮嘱他们回家不要多唱，注意保护嗓子。因为在儿童在初学阶段唱歌没有形成习惯发声方法没有得到固定会不自主的用嗓子大声喊唱，对声带造成损伤，在没有老师的指导的自己练习反而会产生反效果。本人唯一留的作业就是背歌词，对于儿童超强的记忆力来说，这简直就是在课堂是就能完成的作业。可见，声乐学习确实比器乐学习更具有天生的亲切感，也更符合儿童的心理情趣。

（二）声乐学习符合儿童的意境表述

声乐最大的特点也是与器乐的曲子最不同的一点就是一它有歌词，那歌词朗朗上口并且生动形象。让识字的孩子读一遍就知道这个音乐讲述了什么样故事要表达什么感情，而不识字的孩子，在老师朗读完歌词并做简单解释后也会很快明白这段歌词是什么意思。这样，孩子能够很快的理解，可以轻易的在眼前浮现画面。有一首歌曲《小猫跑跑》歌词是这样的：

小猫小猫跑跑，喵喵喵。跑到河边找找，喵喵喵。

边找边在叫呀，喵喵喵。抓湿了爪子呀，瞧瞧瞧。

瞧瞧瞧呀，喵喵喵喵喵。小鱼没有抓着呀气的胡子翘。

小猫跑跑，小猫跑跑，小鱼没有抓着呀气的胡子翘。哎！（叹气）

几句简单的歌词，生动而又形象。孩子脑海会很轻易的浮现出一个画面：一只馋嘴的小猫，跑到河边去抓鱼。结果鱼没有捉到，爪子却被弄湿了。本人在给教学生这首歌曲时，孩子们不仅很快就学会，并且能很轻易的记住歌词。更开心的是孩子自己就会边唱边加上动作。唱到"跑跑"的时候会自己原地小跑起来；唱到"喵喵喵"的时候会两只小手张的开开的放在脸旁模仿小猫的样子；唱到"瞧瞧瞧"使会把手搭到眼睛上方；唱到"胡子翘"的时候伸出左右手的食指在嘴唇上方做出一个向上翘的动作。在本人解释了最后一个"哎"表达出了小猫没有抓到鱼，感到很失望很无奈很委屈只能叹气以后。孩子们有的竟会做出双手一摊，脖子一歪，小头一低之类的动作。可见歌词带给孩子们的是生动画面，是可以自己就能够领会理解充分想象的更能够轻易表现出来的。

器乐曲却是没有歌词的，它很抽象很虚拟，儿童必须从老师的描述中想象中得到间接的理解。大人的世界观与孩子是不同的，大人说是山就是山，说是河就是河，在一味的接受了大人了思想后，孩子可能会失去自己对音乐的想象力和创造力。

（三）声乐学习培养儿童的合作性和集体归属感

现在的孩子都是独生子女，每家都只有一个小孩子，家里所有人都把小孩子当成宝，捧在手里怕摔着，含在嘴里怕化了。小孩子备受宠爱就养成了娇生惯养的毛病，自私自利以自己为中心，不懂得关心他人，更不懂得什么叫合作。更有甚者，有的家长不舍得送孩子去幼儿园，怕在幼儿园受委屈，就请家里长辈或是请保姆照顾。儿童的生活里没有同年龄的小伙伴陪伴，造成儿童的心理的孤僻性，儿童越来内向，不愿与外界相接触，不愿同其他小朋友玩耍，长此以往，对儿童的身心健康造成很大的影响。

现在大部分的器乐课都是以一对一的形式在上课，一个儿童对着一个老师旁边坐着一个家长。儿童学习器乐一样与自己在家没有什么区别，都是独立完成，没有接触到其他小朋友。而声乐却不一样，没有人数限制，可以一对一上课，也可以一对多上课。从自身的教学实践来说，本人更建议儿童来上大课，这样儿童不仅能学习到基本知识，也能够通过和其他儿童的共同学习来体验童年的乐趣，不会感到孤单寂寞，可以在声乐的课堂上交到好朋友，通过相处可以了解自身的优缺点看到其他小朋友的优缺点，互相学习，共同进步。

在课堂教学中，不仅要教会儿童们应该和睦相处，还要学会相互比拼：在气息练习时可以比比看谁的气息长，练"小狗哈气"的时候比比看谁的换气快；学习歌曲的时候比比看谁学得快；儿童不仅是轻松愉快，也可以从互相比拼中学到知识。而在进行发声练习的时候先是让孩子们一起发声，然后是针对每一个小朋友存在的问题进行一一指导，这时其他小朋友孩子还能够得到短暂的放松和休息。在合唱训练过程中，既培养了孩子自身的歌唱表演能力又使得他对他人声音和整个合唱队的声音有了认识，学习自觉地在声音和声部中进退，怎么与别的小朋友的声音配合以达到整个团队整齐美好地歌唱。这是具备基本歌唱能力的孩子都能做到的，但学乐器的孩子就必须在长时间的学习训练之后才能参加器乐队的排练。由此可见，声乐的学习更能培养儿童开朗的性格，让儿童学习到合作性、集体性，这对学前儿童的身心健康是非常有利的。

第二章 学前声乐教学中存在的问题

第一节 家长对于学前声乐学习的认识不足

随着时代的发展和教育科学研究的深入，人们越来越认识到早期教育对人终生发展的重要意义，也越来越认识到艺术教育是早期教育中不可缺少的重要方面，所以越来越多的家长将大量的时间用在孩子的艺术特长学习当中。特别是在近年来各个电视台举办的学前儿童才艺类的节目或比赛中，出现了很多能唱能跳的小童星。许多家长看到别家的孩子在舞台上又唱又跳，就产生了一种羡慕的心理，于是迅速的掀起了一股"声乐热"，让自家孩子也跟着学习声乐。但往往有很多孩子对唱歌并不感兴趣，不愿意学习声乐，然而家长却一味的强迫孩子学习声乐；另外有一些少数的家长在电视里看到很多孩子参加学前儿童声乐大赛，不仅获得了大奖，还有幸在央视的舞台上露脸，还有一些小童星被一些导演看中参演了某些电影或电视剧，在经济上带来不菲的效益，于是就产生了让孩子在唱歌方面出名的想法，开始学习声乐。然而这种急功近利的想法不仅不能使学前儿童在比赛中取得好的成绩，而且会给孩子的心理带来负面的影响。教师想说的是望子成龙、望女成凤是每一位家长都有的美好愿望，但是从孩子的角度出发，这种急功近利的行为是否符合学前儿童的心理呢？换句话来说，不是每一个学前儿童都能成为小明星，只要学前儿童的声乐学习对其身心健康是有益的，那么对于家长来说这一点应该比其他方面为重要。强迫的学习声乐和被动的接受学习声乐，失去了声乐教学的本质含义，也扭曲了孩子学习声乐的观念，对孩子的心理和成长也会带来不良的影响。

第二节 学生缺乏声乐学习的主观能动性

一、学习目的不明确

在这里的目的主要是指学生学习声乐的动机。所谓动机是在自我调节的作用下，个体使自身的内在需求（如本能、需要和驱力等）与行为的外在诱因（如目标、奖惩等）相协调，从而形成的激发、维持行为的动力因素。动机主要通过加强努力、集中注意、增强持久性以及对学习活动的及时准备等来促进学习中的认知活动。学前儿童对声乐的学习动机都不是来自自身要求的，并普遍持有消极的态度。家长的强制要求，学生的消极接受成为一种恶性循环，久而久之学前儿童对声乐的学习出现抵制状态。所以声乐教师应当积极主动地帮助学生建立声乐学习动机，这样对学前儿童的声乐学习能够起到"催化剂"的作用。

二、兴趣较低

学习兴趣是带有情绪色彩的认识倾向，直接指向学习活动本身。学前儿童学习声乐的兴趣缺乏的原因有：声乐学习内容简单枯燥，缺乏时代气息；声乐教师教学方式呆板、单一，激发不了学前儿童的学习需要；强制性思想给学前儿童造成强大的学习压力，背负压力的学前儿童只是把声乐的学习当做一种外加的任务，对声乐学习内容本身很难产生兴趣，其过程产生的愉悦情绪也少；千篇一律的教学方式忽视了学前儿童的个性差别，学前儿童的个性受到抑制，从而使声乐学习的兴趣下降。此外，声乐教师习惯性的指责学前儿童声乐学习中的失败，对学前儿童声乐学习效果的消极否定评价等易使学前儿童产生厌烦感觉，最终导致降低或丧失声乐学习的兴趣。

三、自我监控性较差

学习的监控性是指学前儿童对学习的监督、控制与调节，包括监控意识与监控能力两方面。学前儿童的监控能力总体水平较低与学前儿童自身生理、心理发展水平密切相关。从学前儿童的生理上来看监控能力差的原因：学前儿童处于尚未发育成熟阶段，其大脑对身体各项活动如兴奋和抑制等的控制力不够平衡，导致对行为的控制力较差；同时，学前儿童的注意分配能力差，难以将注意集中于学习；另外学前儿童的自我意识水平较低，反思意识不强，这使学前儿童对学习的监控意识也较弱，对学习行为还缺乏很强的自控意识。声乐练习要求学生具有很强的自我监控力，来完成课后的自主练习。但是这种要求与学前儿童的实际控制力是有矛盾的，声乐的学习不是简单的做一道题或者留一篇课文那种书面的作业，而是通过学生自主的课下练习来延续声乐教师的教学成果。所以声乐教师在课上教授学前儿童歌唱的同时，还应该设想一下如何能在学前儿童自我监控能力的范围之内，完成教师布置的学习任务。

第三节 学前声乐学习中的不良现象

一、鼻音过重

在学前儿童声乐教学过程中，学前儿童们在演唱时出现鼻音过重这一现象是比较常见的。通常情况下，很多学前儿童都会把鼻音与鼻腔共鸣、头腔共鸣混为一谈，这一现象在学前儿童演唱高音区时会表现的最为明显。他们会为了追求高位置一味使劲儿的捏着鼻子唱，误以为加重鼻音就是在运用鼻腔共鸣，误以为只要加重鼻音就能找到歌唱时的高位置。很多时候，学前儿童们对于自己的鼻音过重是完全无意识的，甚至是习以为常的，他们会认为在歌唱中存在鼻音是非常正常的现象，根本不会觉得鼻音过重是由于不正确的发声状态所导致。要想解决学前儿童在演唱时出现的鼻音过重的问题，声乐教师首先要让学前儿童知晓"鼻腔共鸣是借助鼻腔产生共鸣，从而美化音色和扩大音量，并不是将声音灌进鼻子。"其次，声乐教师可以通过示范来让学前儿童更直观的从听觉上去感受、去区分、去辨别正确歌唱状态下的声音效果，与鼻音过重时的声音效果所呈现出的明显差异；同时，在给学前儿童声乐学习者进行练声的过程中，需适当加强对"U"母音的练习，让其体会鼻腔打开、鼻翼张开、把声音放在通道里的状态；让其明白歌唱中的高位置并不是等同于一味盲目的捏着鼻子唱；让其试着将上下颚之间保持一定的距离，体会声音从口腔直接发出来的状态；让其不要有意识的把自己的声音往鼻腔里推；再者，还可以让其在声乐课堂上、或者平日的生活里多多体会小声哼歌时的感觉，这一方法从某种程度上会有助于学前儿童较好的感受到歌唱中的高位置与"支点"。

二、高音捏挤

无论是对于成人声乐学习者也好，还是学前儿童声乐学习者也罢，如何能较好的解决歌唱中的高音问题是声乐教学过程中的重中之重。在学前儿童声乐教学过程中，对于初学的学前儿童声乐学习者而言，如何把高音唱好是一个大难题。在演唱高音时，他们会时常出现要么高音唱不上去、要么一到高音就破音、要么声嘶力竭、死乞白赖的去喊唱高音的情况。"在靠蛮力唱出的噪音中，突出的是较高而不谐和的泛音，这导致硬的、金属的、尖锐的音质。"出现这种情况，主要是因为学生喉头位置过高，喉头发紧，喉头不够松弛，气息过浅所致。声乐教师首先应该让学生明白，无论唱高音还是唱低音，都不能改变正确的歌唱状态，歌唱状态并不能随着音域的改变而改变。"高音要像'呵气'一样唱出来，让咽壁好像是声流的过道一样，这样就可避免喉、咽肌肉过分紧张。"其次，可以让学生通过深呼吸、闻花香、打哈欠、叹气、急喘气、装哭腔、弯着腰唱、蹲着唱、坐着唱、搬重物等方式，去感受气沉丹田，横膈膜扩张，声音"赖"在气息上的感觉。要善于引导学生充分调动全身心的力量，充分调动自身的歌唱欲望，让身体里的每一个细胞都去为歌唱服务。同时，声乐教师还应充分考虑到学生的心理因素，需采用积极鼓励的方式去打消学生对于唱高音时的害怕与恐惧。教师在学前儿童声乐教学过程中通常会直接告诉学生："高音就是破出来的，即便是唱破了也没有关系，你们就大胆的往破了唱。"如此一来，不仅可以让学生在心理上摆脱对唱高音时的恐惧，打消对唱破音时的顾虑；同时，还会有助于将学生的注意力从如何把高音唱上去转移到如何调整呼吸、如何调整心情、如何调整歌唱状态上来。再者，"学生必须用能够唱得很自然的、容易持续声音的、嗓音不感到疲劳的音域来唱他个人的日常练习。"这就要求声乐教师在教学过程中要善于找到学生演唱时的最佳音域，从学生的嗓音最方便的音域开始，"从音域的中间部分开始，唱五度和八度范围内的练习，经过一定的阶段后，再极小心地逐渐升高半音，"加强学生在最佳音域范围里的各种发声训练，巩固好学生正确的发声状态，让学生在这个基础之上逐步向上拓展音域。

三、高音太虚

在学前儿童声乐教学实践中，经常会遇到一些学生一到面对唱高音、面对演唱难度较大的声乐作品时就出现：声音发虚，声音突然变小，甚至完全不敢出声的情况。这使得他们在整首作品中出现：中低声区与高音区的音色和音量形成极大反差；中低声区与高音区的声音音响效果极其不和谐；歌唱状态极其不统一。要想解决学前儿童在演唱作品时出现高音太虚的情况，还得追根溯源，从根源上去找原因。一般情况下，在有一定难度的声乐作品里才会出现大量的高音，这些高难度的声乐作品往往需要演唱者具备宽广的音域、具备较强的对声音的驾驭能力、具备一定程度的歌唱能力。在对学前儿童声乐学习者进行训练的初期时，声乐教师应明确学前儿童的实际演唱能力，清楚客观的知悉各个学前儿童所处的不同演唱阶段；在给学前儿童们选择声乐作品时要遵从适度原则，要充分结合不同学前儿童在嗓音条件、演唱进度、演唱音域、演唱能力、演唱毛病等方面的情况。不要过早的给学前儿童声乐学习者布置难度较大的声乐作品，让其在没能掌握歌唱方法、没能稳定住歌唱状态的情况下去触碰大量的高音。因为这样不仅不会让学前儿童在短时间内迅速拥有漂亮的高音，还会物极必反，导致学前儿童为了把高音唱上去而不惜一切代价的扯着嗓子喊唱高音，造成用嗓过度，声带受损；同时，还将造成学前儿童习惯于用不正确、不科学的发声状态去歌唱；让学前儿童积累下更多的演唱方面的毛病，有碍于其今后的声乐学习。在面对声乐作品中"学生感到音域过高时，教师可以暂时容许学生移调演唱，但是只是把移调当作教学工作中的一种预备方法。"这种方法对于在学前儿童的声音训练过程中，可以作为一种过渡性的手段，它从某种程度上暂时性的规避了学前儿童诠释声乐作品时，用错误的歌唱状态去触碰大量高音的情况。再者，"支配气息是基础，有关力量、调准、发音和表情的所有细节都基于它，"在学前儿童的演唱过程中必须要加强对学前儿童气息的训练。同时，还应该以练好中低声区为首要任务，着手于夯实学前儿童中低声区的演唱，让其"在中低声区建立起正确的呼吸、发声、共鸣、咬字等基本的'声乐感觉'来。"

四、声音颤抖

声音颤抖在学前儿童声乐教学过程中的现象主要表现为：学生在每一个音的结束、每一个乐句的结束、每一个乐段的结束，每一首歌的结束，或者在演唱较长时值的音符时，总是会不由自主的出现声音苍白、淡薄、不自然的细碎抖动，音量逐渐变弱，气息明显不够用。最关键的是学生对于自己发出这种无规律的颤抖的绵羊音时，是完全处于无意识的、无法自控的状态。造成这种情况一般是由于：学生的歌唱状态不够松弛，喉部肌肉力量过大，喉头位置不稳，加上气息不够流动，气息的支撑度明显不够所致。声乐教师可以直接给学生做出示范，让学生从听觉上去直接感受正确演唱长音时的声音效果，并记住这种音响。同时，在学生演唱长时值的乐句时，声乐教师不要急于让学生一口气，一次性地唱完整个长乐句，可以让学生先将长乐句拆分为几个短乐句来练习，以确保稳定住其正确的呼吸状态和歌唱状态。又或者，还可以有意识的让学生采用以"发直"的声音来练习长音的方式，此种方法在某种程度上可暂时避免学生发出颤抖的"绵羊音"；最后，万变不离其宗的仍旧是要强调呼吸对唱好延长音的重要性。呼吸是歌唱的生命，在歌唱中做到如何合理科学的运用呼吸才是最为关键的。声乐教师可在教学过程中对学生采用打嘟训练，嘶气法、叹气法、"半打哈欠""装哭腔"等方式，让学生在缓解喉部肌肉过分紧张的同时，较好的体会歌唱中正确的呼吸状态，加强学生在歌唱中对气息的控制能力。

五、声音沙哑

在学前儿童声乐教学过程中经常会遇到学前儿童出现声音沙哑的情况。从学前儿童声乐教学实践中发现，造成学前儿童声音沙哑的原因通常有：天生嗓音沙哑，身体不适造成嗓音沙哑，变声期嗓音沙哑，歌唱方法不当导致嗓音沙哑。面对如上几种情况，声乐教师应采取不同的解决对策。对于天生嗓音条件沙哑的学前儿童，在教学过程中不要过多的进行高音练习；不要选择高难度的发声曲和声乐作品；应充分考虑到学前儿童在嗓音条件上的限制，加强对学前儿童呼吸和咬字方面的训练；应选择适于学前儿童音域与嗓音特点的声乐作品来进行教学。对于处于变声期的学前儿童，声乐教师应限定其练声时间和训练音域，应避免对其进行较长时间的发声练习和高音区的训练；应为其选择音域较低，难度较浅的声乐作品来进行演唱。由于在变声期期间会出现声带分泌物增多，声带局部充血水肿，声音易疲劳，声音变粗，音量变小，音域狭窄，声音嘶哑等现象。那么，在学前儿童的变声期前期和变声期后期，声乐教师可选择在较短时间里，在较低音域内，对其进行简单的发声练习，如：哼鸣练习、带着音高的打嘟练习等。在学前儿童的变声期中期，声乐教师出于对其声带的保护，最好让其不要歌唱，让其声带得到充分的休息。对于演唱方法不当导致声音沙哑的学前儿童而言，声乐教师首先要让其明确正确的歌唱理念：歌唱并非一味的扯着嗓子拼命喊叫，"会喊能叫"不能与好的歌唱混为一谈，正确的歌唱一定是建立在喉咙放松，气息稳定的基础之上的。同时还要让其在一定时间里彻底禁声，不要张嘴唱歌，待其的声带恢复到健康状态时，再逐步展开对其歌唱机能的训练。

六、音量太小

从某种程度上讲，造成学前儿童声乐学习者音量太小这一现象的原因有如下几个方面，其一：生理因素的影响。如部分年纪较小的幼儿声乐学习者，他们的声带发育尚不完全，声带稚嫩脆弱，音域较窄，且通常在一个八度以内。所以在歌唱时，他们的音量大小自然而然会受到如上这些生理因素的影响。面对这类学生时，声乐教师不能出现急于求成，揠苗助长的教学心态，应充分考虑到幼儿声乐学习者在生理条件方面的局限性，应尽量为其选择简单的发声练习和程度较浅的声乐作品；同时在教学过程中应以大量的亲自示范为主，用自己的歌声去带动学生的歌唱欲望，让学生能有意识的大声跟着自己唱。其二：心理因素的影响。在学前儿童声乐教学过程中经常会碰到生性胆小，性格内向，害羞拘谨的学生，尤其在初次见到声乐教师时，这类学生通常会胆怯紧张到话都说不出来，更别提能正常的张嘴歌唱。面对此类学生时，声乐教师可以尝试着先成为他们的好朋友，与他们多交谈，多沟通，让他们卸下防备与心理负担；同时在教学过程中以鼓励性教学为主，在言语上对其多肯定、多鼓励、多赞扬；给予其学习声乐的信心，让其能在轻松自由的环境下去歌唱。其三：咬字问题的影响。有很多的学前儿童声乐学习者天生拥有一副大嗓门，在日常生活中说话时的声音也非常洪亮，但唯独在歌唱时因为咬字不当而让大嗓门了无踪影，造成歌唱时的音量与平常说话时的音量形成鲜明的反差。面对这类情况时，声乐教师可从朗读着手，让学生大声的朗读文学作品，或者是朗读歌词。在朗读的过程中让学生明白何为字头、字腹、字尾；同时，让学生记住朗读时音量的状态、声音的状态、发声器官的状态、身体的状态，继而把这种朗读时的咬字状态带到歌唱中去，让其体会到歌唱实则就是带着音高去说话。

七、咬字问题

"人的歌唱乐器与其他乐器最大的差异在于人声具备第四器官—吐字器官，吐字器官是唇、齿、舌、牙、喉，它们是变声音为语言的器官。""咬字、吐字是人以意志使唇、齿、舌、牙、喉，这五个吐字器官与咽腔配合发出语音，表达由不同的字组成的语句。"

学前儿童在歌唱过程中出现咬字方面的问题是很多见的，有的学生是因为年幼还没有学过拼音，不会正确的拼读，加之识字量有限，造成咬字、吐字含糊不清；有的学生是因为受到家乡方言和父母家人语言习惯的影响，普通话不够标准；有的学生是因为在歌唱过程中发声方法不当，造成咬字不准确。面对如上这些情况时，声乐教师应帮助学生在歌唱中建立正确的咬字观念，让学生知道既要像说话一样去歌唱，但是又要清楚地明白歌唱中的语言与说话中的语言不尽相同。唱和说在音量、音域、音高上存在着不同，"唱的字可能在音量上与讲的字有程度的不同，在音乐上则与讲的字有范围的不同，唱时音高变化的幅度较大，这是明显的差别。"

"咬字就是要利用唇、牙、齿、舌等的运动把字音发清楚；吐字就是要把字音清楚地吐出口。对歌唱来说，实际上就是要把歌词的每一个字清清楚楚地唱出来，并且要有丰满的共鸣音响。"

声乐语言是具有文学性的韵文形式的歌词或唱词，在歌唱中应将语言音乐化，赋予语言以歌唱性。俗话说的好"字正才能腔圆"。从学前儿童声乐教学实践中来看，解决学生歌唱中的咬字问题较为行之有效的方法便是大声的"读"。声乐教师在学前儿童声乐教学过程中，让学生反复的、大量的、大声的朗读各个元音，朗读各类文学作品，朗读不同的歌词，可以让其在"读"的过程中"体会歌词在头、口、喉和胸中的感觉以及气息的内在能量；"能清楚的让其了解何为字头、字腹、字尾、归韵。"字头－子音，是一个字发音的开始，非常短促，不肯能延长。字腹－母音，可以延长，可以充分发挥唱的作用。字尾，是一个字的结束，就是把一个字所发的音收住，所以又叫做收音或归韵。"

"发音和吐字是歌唱的主要因素，二者是互相依存、互相作用的。字字有声、声声有字是对立统一的辩证关系。字字有声是指歌唱的吐字，都要结合发声的要求；声声有字是指正确的歌唱，必须清晰地唱出字音。"正确的歌唱，就是要在充分发挥共鸣的作用的前提下，把字和声统一起来，做到"声中有字，字中有声"。

综上所述，学前儿童声乐教学是一项集复杂性、多样性、曲折性、综合性、长期性于一体的大工程，每一个学前儿童声乐学习者在歌唱中都会存在着各种各样的问题。这不仅需要声乐教师具备较好的耐心与韧性；同时，还需要声乐教师能在第一时间里敏锐的捕捉到学生的问题所在；并在最快的时间里找到行之有效的解决方法，从而提高学前儿童声乐教学的质量，提高学前儿童声乐学习者的演唱水平。

第四节 学前声乐教学模式落后

一、教学内容枯燥

教材的选择要坚持思想性、科学性、先进性相统一的原则；教材选用要树立为学生知识、能力和综合素质协调发展创造条件的思想；教师应按照教学要求和学生的个人情况选择合适的教材。

根据对教师和学生的访谈中，大部分的声乐教师常年用同样的教材，一种是新疆人民出版社发行的《全国学前儿童歌唱考级歌曲集》；另一种是安徽文艺出版社发行的《全国学前儿童歌唱考级作品集》。这两种声乐考级教材从内容的形式上没有大的区别，只是从每一个级别的选曲上有所不同。在学前儿童声乐的教学中也曾使用过这两种声乐考级教材，发现教材当中选编的曲目大多数不太适合作为学前儿童平时演唱的曲目。因为这两种教材主要是针对具有一定演唱水平并参加声乐考级的学生。而在实际的训练当中，许多学前儿童的演唱水平根本达不到考级教材中的曲目要求，比如不具备一定演唱能力的学前儿童根本唱不到实际曲目的音高。如果长期的使用这样的教材作为学前儿童平时练习的内容，势必会增加学习演唱的难度，引起学生对于声乐的反感。

歌唱的教材要适合学前儿童的年龄特点、兴趣爱好以及接受能力。教学前儿童唱歌的内容和情感应该是学前儿童可以理解的，旋律应该是动听的，是学前儿童所喜听乐唱的，更重要的是符合学前儿童实际演唱能力的。在安徽文艺出版社发行的《全国学前儿童歌唱考级作品集》的第二册中有很多是趋近于成人演唱的歌曲，但是却有很多声乐教师或家长一味地追求声乐的考级，给学生布置这些成人的歌曲。这种歌曲的内容情感往往是学前儿童难以理解感受的，歌曲的音域、节奏以及演唱技巧是学前儿童难以胜任的。像这样让学前儿童演唱难度较大的歌曲，不但收不到应有的教学效果，反而会给学生造成唱歌不求甚解、可以音调不准的错觉，有损于学前儿童的歌唱心理，甚至于有损学前儿童的发声器官。

对于声乐教材的选择应该要多样性，不要只采用单一的教材。有的歌唱曲集按歌名的字数来区分，有的歌唱曲集按照学前儿童的年龄段来划分等，这些学前儿童歌唱曲集收录的歌曲形式多样，都比较符合学前儿童这一年龄段所演唱的曲目。声乐教师可以将这样的歌曲集作为学前儿童平时训练歌唱能力的曲目，当学前儿童的演唱水平有所提高时，再选用考级教材中的考级内容让学生进行演唱并进行考级。这样对学生来说也是对自己歌唱水平的验证。对于那些学前儿童演唱困难的歌曲，可以通过选听的方式让学生进行了解。选听的声乐作品在内容和形式上可以涉及的广泛一些，比如歌曲的风格、演唱的形式等。另外在选曲时尽可能地选择适合于对学前儿童进行教育和有利于身心发展的声乐作品。为了扩大学前儿童的音乐眼界，还可以给学前儿童听一些外国的学前儿童歌曲，使学前儿童从多方面感受音乐艺术的熏陶。

二、教学方法不灵活

音乐与学校课程中的其他学科有着根本的区别，它在许多方面比其他学科更与生活相似。但是无论是哪一门学科都有着相同的教法，只是形式上的不同罢了。目前，学前儿童声乐课以一对一的上课形式居多，并且课时长达一小时之久，在这一小时当中学前儿童最多休息一到两次。从这个数据上看，学前儿童声乐教学几乎是"满堂灌"。像这种长时间的进行声乐训练很容易使学前儿童产生疲劳，出现厌学情绪。儿童的发声器官随年龄的增长都有不同程度的变化。从音域上讲，初期童声（4—6 岁）的最佳的音区为 C 大调的 2—6；中期童声（7—9 岁）的最佳音区为 C 大调的 2—i；晚期童声（10 岁左右）的音域可以适度向高、低音区扩展。当然也有例外的现象。所以根据学前儿童特殊的音域特征合理的选用声乐作品决定着教学的效果与质量。在选择学前儿童声乐作品时应从学前儿童的年龄、性格及歌唱水平考虑。如为 6 岁左右的孩子在选择作品时，在第一次课时教师通常选择像《摘星星》这样旋律短小简单、歌词朗朗上口的歌曲，孩子会从简单的旋律节奏朗诵歌词到掌握歌曲的旋律，只用了四五遍就可以全部掌握，而且这样短短的学习时间也增加了孩子歌唱的自信心。

　　俗话说"教学有法，但无定法"， 学前儿童声乐的选用歌曲要灵活。以往很多教师在选歌上过于死板，就拿之前说过的考级教材而言，绝大部分教师都按课程、按级数按部就班的教学，虽然是有章可循，但学生的学习效果不佳。有的学生觉得枯燥乏味；有的学生认为学的太慢等等，这些都是导致学前儿童中途停学的原因。其实在声乐教学过程中主要分为两项，即发声练习与歌曲演唱，但是如何将这两个声乐课中不可或缺的练习项目通过多种方式，分步骤地进行来最终完成声乐课呢？要设计一节不枯燥的声乐课最主要的出发点就是激发学前儿童学习声乐的兴趣。兴趣就是人们积极认识、关心某种事物或积极参与某种活动的心理倾向，也就力求探究某种事物或从事某种活动的心理倾向，这种倾向是和愉快的情感体验相联系的。

　　在声乐课堂中要注意学生学习声乐的时间分配，因为学前儿童的注意力时间很短暂，可以将较长的联系时间分成几段来进行，每一各环节的声乐练习尽量不要超过 20 分钟。特别是在枯燥的发声训练过程中，除了时间不宜过长外，可以通过多样的发声方式来消除学生对发声练习的乏味感，还可以通过编写一些带词的发声练习曲，用一些类似于嘀嘀嗒嗒这样的象声词来代替传统的母音发声，借助发声练习曲的词义让学前儿童反应当中的情绪和旋律的特点。这样能够唤起学前儿童的兴趣，提高声乐练习的积极性，从而使学前儿童在单调的发声练习中解放出来。在学前儿童歌唱的过程当中，可以通过歌舞的形式使音乐变得具体形象化。比如一群女孩边玩跳皮筋边唱着跳皮筋的曲调，像这样类似于边歌唱边跳舞的形式是学前儿童所接受的。所以说将唱歌与跳舞结合能够满足学前儿童好动的、好表现的需求。学前儿童歌曲中的歌词让学前儿童十分具体、清晰地了解歌曲的内容，加上学前儿童歌曲的形式短小、工整，歌曲内容的形象化、游戏化，使得这种歌舞形式非常接近学前儿童的生活，因此也能够迅速赢得学前儿童的心。

三、教学态度不端正

古今中外人们都给教师以非常高的评价，如"教师是太阳底下最光辉的职业"，"教师是人类心灵的工程师"，教师是"传道、授业、解惑者"，"教师是红烛，点燃了自己，照亮了别人"，但教师究竟是谁？

根据近年来对于教师发展的理论探究与实证研究认为，一方面，教师是普通人，不仅在教师这一职业岗位上辛苦的工作，而且承担着教育教学工作的艰巨和压力的繁重；同时，教师又是专业教育工作者，他与非专职教育者如孩子的父母相比，其功能和内涵又有着很大的差别。

其实作为学前儿童声乐教师有着和常人一样的情绪情感、喜怒哀乐等多方面的心理需求，也渴望得到学生和家长的认可。但是在现实生活中教师的情感需要却常常被忽略，通常情况下，教师总是被要求得多，理解的少，这也是目前不少声乐教师存在情绪和职业倦怠问题的主要原因之一。另外，长时间的重复同样的内容以及艺术学校安排声乐课时的随意性，也造成了声乐教师对声乐教学态度的不认真。所谓教师是学前儿童的榜样者，由于学前儿童心理发展具有很大的不稳定性，是非观念正在逐步建立当中，此时的教师经常被学前儿童当做是模仿的对象。

声乐教师的上课态度直接影响到学生对教师的情感体验。不积极的教学态度、不恰当的着装打扮、不扎实的业务能力等都直接影响着学前儿童的知识学习和人格发展。针对这样的情况，一方面可以从私营的艺术学校入手，从整体上提升声乐教师的职业素质，规范声乐教师的着装与打扮，定期的进行有组织的听课与评价等手段来约束教师的仪表和不断督促声乐教师继续提升自己的业务水平;艺术学校也应该适当的提高声乐教师的工资待遇,对教学成果突出的声乐教师予以奖励,以消除教师的职业倦怠问题。另一方面,就声乐教师本身而言,要坚信自己对教师职业的认识,要认同与接受教师这一职业所承担的社会责任,注意自己的日常言行和对人、物、事的情感态度,积极利用自己的正面榜样行为来引导学前儿童良好情感、态度、行为及个性品质的形成与发展。

第三章 学前声乐教学的原则与方法创新

第一节 学前声乐教学的原则

一、自主性原则

俗话说"兴趣是最好的老师"，"强扭的瓜不甜"。在学前儿童声乐教学的过程中让学生对声乐学习产生浓厚的兴趣是尤为重要的。学生兴趣的积极化是促使学生具有主动性的最有力的教育方法之一，这种主动性正是人类创造事业方面的强有力的工具。教师最重要的不是让学生被动式的接受"填鸭式"的学习，而是要善于创造"学习情境"，实施启发式教学。学习情境是指学习声乐的环境、条件、气氛。学生在好的情境吸引、激励下、从心眼里愿意学、愿意练，这时的学习情境就成了学生的学习动力。因此，声乐教师应当强调突出趣味教学思想，主张学前儿童声乐学习者"乐知"；强调理论联系实际，推行自主、自动、自治、自立的教学法；应当从激发学前儿童对歌唱的兴趣出发，寓教于乐；创造各种可能的条件，让学前儿童不断产生对学习声乐的需要，促使其不断提高对声乐学习的积极性，让其能自主歌唱、想要歌唱、快乐歌唱、享受歌唱。

二、渐进性原则

"罗马不是一天建成的"，演唱能力的提高，歌唱技能的掌握，都需要持之以恒的付出与努力。如果声乐教师在学前儿童声乐教学过程中，一味追求所谓的短时间内迅速提高学前儿童声乐演唱水平的"速成教学"；不顾学前儿童的嗓音条件、理解能力、接受水平、演唱能力等各方面的条件限制；对学前儿童采用揠苗助长的教学方式，其结果往往是适得其反的。这不仅会让学前儿童在演唱上出现诸多弊病，还会让学前儿童的学习心态受到影响。因此，在学前儿童声乐教学过程中急于求成，拔苗助长的方式万万不可取，正所谓"欲速则不达"，循规蹈矩、按部就班、渐进式的教学方式才是必经之路。

在学前儿童声乐教学过程中，声乐教师要致力于树立学生正确的发声理念，教会学生科学的发声方法，建立学生稳定的歌唱状态。然而，想要达到这些目的就必须要加强夯实学生的基本功训练。谈到歌唱的基本功，那首当其冲的就是气息的训练。歌唱是呼吸的运动，声音就好比是船，气息就好比是水，船只有在水上才能行驶，所以，气息是歌唱的原动力，歌唱必须时刻以气息为支撑。

由于学前儿童在生理上发育还不成熟，稚嫩的声带较成人而言更为脆弱，且歌唱的音域较窄。所以，为了在保护好其声带的前提下，适度扩展其演唱的音域，就更应该重视与加强对其呼吸的训练。通常情况下，在学前儿童声乐教学过程中经常会看到有些学生一到唱高音的时候就出现面红耳赤，脸红脖子粗，青筋突起，声嘶力竭，使劲浑身力气去扯着嗓子把高音喊唱出来的现象。造成这些现象其实都是因为学生不会正确运用气息，科学用嗓所致。"拙劣的呼吸是导致错误歌唱的原因。"

长此以往下去，不仅学生的声带会逐渐被毁掉，造成声音长期沙哑，声带水肿、声带息肉、声带小结等恶果，同时还会让学生对声乐学习产生挥之不去的心理阴影。在遇到此类只会拼命扯着嗓子喊唱的学生时，通常会让其索性在一段时间里不去触碰高音，而是让其多多尝试闻花香、吹气球、打哈欠、学小狗喘气、深呼吸等方式，更直观的去体会在歌唱中气沉丹田、横膈膜扩张、腰腹膨胀、喉头松弛的状态。另外，"自然地发展嗓音音域而使它不失去音色特点的一个最重要的条件是经常有恒心地用正确的制度来唱选择得当的练习。"

在学前儿童声乐教学过程中，"发声训练也应该从简单到复杂，从平稳到多变。"同时，声乐教师在给学前儿童声乐学习者选择声乐作品时，也不要忽略学生们有限的演唱技巧，和对歌曲的驾驭能力的局限性；不要急于给学生们选择高难度、高音域、长篇幅的大作品；对于学生的声乐作品的选择，应当遵循适度、适量、适中、适当的原则；应根据学生不同阶段的实际演唱水平、以及学生在不同学习时期的歌唱状态，合理的去挑选一些既符合学生年龄段、又适合学生嗓音特点的声乐作品；学生演唱的声乐作品的难易程度也应随着其演唱水平的不断提高而逐步递增；

总而言之，学前儿童声乐教学不可操之过急，不可急于求成，应遵循：按部就班、稳扎稳打、一步一步、一点一滴、从坏到好、从易到难、从浅入深、从简至繁、从部分到整体，再从整体到部分的渐进性原则。唯有这样才能让学生掌握扎实的演唱基本功，为学生日后的声乐学习打下坚实的基础。

三、针对性原则

在歌唱艺术的领域中，歌唱者本身就起着一个乐器的作用，而由于每人自身的乐器都有自己的特点，不是像演奏的乐器统一由工厂制作具有共性特征。因此，在学前儿童声乐教学的过程中，每个学生都应当成为教师经常观察和研究的对象，教师应当在学生的各个发展阶段中观察和研究它的一切能力，只有经常注意学生，教师才能果断地确定什么时候应用哪些教学方法来发展学生的真正技巧。

由于每个学生的声音条件不同，对于歌唱的感受能力不同，对于声音的控制能力不同，故而每个学生在演唱上所表现出来的问题也不尽相同。尽管科学的发声方法、正确的演唱技巧都是一样的，但作用在每个不同的学生身上，其效果却是完全不同的，甚至大相径庭，可谓是"一法多果"。那么，如何让学生掌握复杂的声乐演唱技巧的问题给教师提出了一系列具体而困难的任务，这些任务的顺利解决在各个不同情况下都要求丰富的经验、细致的分析，也要求教师灵活的应用各种方法来培养学生的技术和艺术性创造性才能。

学前儿童声乐教学是一项长期的、周而复始的、纷繁复杂的工作。学前儿童声乐学习者的年龄跨度大多是从 4—12 岁不等。对于 4—6 岁的低龄化的学生，由于其注意力不容易集中，声带较稚嫩，所以上课时间最好控制在 30 分钟以内，其发声练习的旋律也不宜复杂，音域不宜过高，音区不宜过宽，演唱要求不宜过于严厉。而对于 7—12 岁的学前儿童声乐学习者而言，教学时间可以适当延长，教学密度可以相对紧凑，发声练习的难易程度也可较低龄化者逐步递增。在学前儿童声乐教学过程中时常会遇到学生的歌唱状态极其不稳定，学生的歌唱状态在时好时坏中循环往复的现象。比如：有的学生在上一堂课时好不容易找到了正确的歌唱状态，可能在下一堂课时就彻底把正确的歌唱状态完全弄丢了，越唱越不明白，越唱越糊涂，越唱越差。当出现这种情况时，声乐教师需要及时调整教学内容、教学进度、教学重点，教学难点，并且要耐心的与学生沟通交流，充分了解学生的实际情况，找出学生为何会出现这种状况的原因。然后再针对学生在课上出现的演唱方面的问题，对症下药，对其进行有的放矢的、针对性的教学。同时，声乐教师在为学生选择声乐作品时，应做到设身处地的换位思考，充分站在学生的立场上出发，选择出既适合于学生演唱、又有助于解决学生在演唱上的问题，同时还符合学生的审美取向的声乐作品。

学生的学习是不断发展着，教师的教学方法也要与这些变化着的情况相适应，学得好的学生需要想办法使之提高的更好更快，学的困难的就更需要改进教学上的缺点，因为教学中总是存在各种性质的问题。声乐教师必须时刻考虑到不同的学生在声乐学习过程中的不同情况，对不同的学生分别对待，在统一的教学原则下，针对学生的不同个性特点进行教学。

四、综合性原则

声乐是一门综合性极强的艺术，所以，在学前儿童声乐教学过程中，声乐教师还应当运用综合性的教学原则，不要只专注于对学生的声音能力、演唱技巧等方面的训练，而忽略了对学生在情感表达、形体表演等其他方面能力的培养。声为情役，腔为情设，情之所至，音之所生。换言之，在歌唱的过程中仅有美丽动听的声音显然是不够的，情感的表达也至关重要。毕竟，一切演唱技巧的运用都是为了更好的表达与传递歌曲的内容，正所谓：未成曲调先有情。如果歌唱只局限于技术而没有情绪和情感表现的话，无论技术多么高超，也是冷漠苍白，没有灵魂，甚至连技术的完美也是不可能的。

作为声乐教师，在学前儿童声乐教学过程中首先要善于引导学生准确诠释歌曲所要表达的大意，激发学生对歌曲的表现欲望，让学生将内心的真情实感融入到歌声里，尽可能的做到"声由心生"，"声情并茂"。同时，声乐艺术不仅仅是听觉的艺术，在演唱过程中，自然大方的面部表情也是十分有必要的。

在歌唱过程中，面部器官的变换起到变化音响表情的作用，如果面部缺乏表情，嗓音音响就将是沉闷和单调的，反之，动人的面容必然伴随着嗓音音响的活力和明亮。再者，在学前儿童声乐教学过程中，声乐教师应当善于让其结合体态的律动感，运用适当的肢体语言去更好的感受音乐，表达音乐，享受音乐；应当在学前儿童能完整演唱歌曲的基础之上，对学前儿童加以启发和引导，对其教授与编排适量的，既符合歌曲内容，又能为学前儿童的演唱锦上添花的形体表演和舞蹈动作；加强对学前儿童的面部表情、站姿、体态、肢体语言与台风等方面的训练；让学前儿童的演唱与表演相得益彰，使其呈现出的声乐作品更为完整，塑造出的舞台形象更为贴切生动。综上所述，学前儿童声乐教学过程中不仅仅要加强对学生演唱基本功、演唱技巧、演唱能力等方面的训练，还需要采用综合性的教学原则，让学生能将歌声、演唱技巧、情感的表达，肢体语言的表达有机结合，让其呈现出来的声乐作品更具完整性。

第二节 学前声乐教学的方法

一、讲授示范法

（一）讲授法

传统的声乐教学方式中，声乐知识与技能的传授，大都根据教师的经验，把自己歌唱的感受和体验、歌唱的方法和技能，通过形象生动的比喻或语言传授给学生，学生按照教师的启发来获得与教师相同的歌唱感觉和音响效果，并通过不断的重复来巩固这种声音概念和声音效果。这就需要声乐教师具备较强的逻辑思维能力、较好的语言组织能力、流畅的语言表达能力、善于与学生沟通的能力。同时，还需要做到教学思路条理清晰分明、声乐理论知识储备扎实、声乐演唱技能过硬、声乐教学概念准确、声乐教学重难点明确等。

由于学前儿童声乐学习者与成人声乐学习者不同，其理解能力、感悟能力、接受能力均有限，那么，在学前儿童声乐教学过程中，声乐教师可以尝试将晦涩难懂的声乐理论知识，抽象的演唱技术上的要求，与生活中常见的各种小细节、小情境、日常琐碎联系起来。如在给学前儿童声乐学习者讲授有关气息的运用、横膈膜的扩张等有关呼吸方面的概念时，可以让其以闻花香、打哈欠的方式来体会歌唱中吸气时的状态；以吹蜡烛的方式来体会歌唱中呼气时的状态；以模仿小狗喘气、佯装大声喊人、用力搬重物等方式，来体会腰腹膨胀的力量；以唉声叹气的方式去体会气息下沉的感觉；以小声哼歌的方式去体会歌唱中的高位置与支点。

同时，在学前儿童声乐教学过程中，声乐教师应当采用生动活泼、幽默风趣的教学方式来抓住吸引学前儿童的注意力，激发学前儿童对声乐学习的兴趣与歌唱欲望。例如：以教唱由韩国民谣改编的学前儿童歌曲《三只熊》为例，《三只熊》这首学前儿童歌曲程度为初级，歌曲内容很简单，适用于不到 5 岁的学前儿童声乐学习者演唱。因为 5 岁以前的学前儿童多处于幼儿园阶段，普遍存在着不识字的情况。所以，在教唱这首作品之前，声乐教师可以以讲故事的方式把歌曲大意表述出来。这样一来不仅吸引了学前儿童的兴趣与注意力，还有助于让他们更好的理解歌曲内容。再者，在具体的进行歌曲学习时，教师推崇声乐教师采用带领学前儿童，对着歌曲谱例，边读谱、边教唱的方式。就教唱一首歌曲而言，应当从最基本的节拍、节奏、旋律、歌词、风格这几方面入手，此处仍旧是以歌曲《三只熊》为例。从谱面上可以看出，此歌曲为 C 大调，拍号是 4 / 4 拍，其强弱规律是强、弱、次强、弱；音型由简单的四分音符和八分音符组成；旋律线条流畅单一，多以 C 大调的主和弦 do、mi、so 这三个音构成；歌曲的风格应为欢快活泼、轻松愉悦。在教唱这首歌曲的旋律之前，可以先让学前儿童在声乐教师的带领下，按照 4/4 拍的强弱规律，边拍手边反复朗读歌词；让学前儿童在朗读歌词的过程中体会到 4/4 拍节奏的韵律；体会到在歌唱中声音搭上气息的感觉；接着，在学前儿童熟读歌词，了解歌曲内容以后，声乐教师再逐字逐句的教唱旋律，让学前儿童能初步演唱整首歌曲；最后，待学前儿童对歌曲的旋律、节奏、歌词掌握的相对熟练时，声乐教师可以再在歌曲的情感表达上、演唱的方法上、声音的技巧上等方面，逐一提出相关的建议与引导，促使学前儿童能更好的诠释作品。

（二）示范法

教师的歌声、他的手、乐器等这些'生产工具'，在教歌时都有非常重大的意义，其中起中心作用的是歌声，因为教师正是靠歌声才能用最好的方式来形成学前儿童的音乐技能的。

示范法是声乐教师以亲自演唱、亲身示范的方式让学生更直观的去感受、去辨别不同的声音效果的方法，这需要声乐教师具备较好的声乐演唱能力。

从学前儿童声乐教学实践中发现，通常情况下，不论是在练声过程中，还是在教唱歌曲阶段，对于年纪较小，初学声乐的学前儿童们而言，如果声乐教师对其提出把声音尽可能的放出来，让音量尽可能的最大化等要求时，他们会很自然的出现扯着嗓子喊唱的情况。而且他们潜意识里会认为，大声的喊唱就等同于把声音放出来，扯着脖子喊叫是让音量最大化的唯一方式。因此，声乐教师在学前儿童声乐教学的过程中应做到边示范、边讲解，将示范与讲解有机结合；让学前儿童们首先从声乐教师的范唱里找到自己的声音与教师的声音之间，存在的差距与不同之处；然后再让学前儿童结合不断的练习、反复的实践与对比，来区分何为正确的声音，何为错误的声音，形成正确的声音概念。声音概念是在声音表象的基础上形成的，它是某一类声音的抽象和概括，它反映演唱该类声音的本质规律。

以高音区的练习为例，在学前儿童声乐教学过程中，很多学前儿童一到高音区的时候就会普遍出现声嘶力竭、过度用嗓的情况，导致发出的声音干涩刺耳且音高偏低。在这种情况下，教师通常首先会给学前儿童进行几次示范，让学前儿童直接在听觉上去感受正确的声音效果；让其自主的去辨识、去对比演唱的高音与他们演唱的高音之间的区别；然后，当学前儿童在听觉上对正确的音响效果有了一个初步的感受与认知后，再根据每个学前儿童实际演唱高音时的情况，具体剖析其演唱高音时存在的问题，比如：气息过浅、横膈膜的张力不够、位置偏低、喉头太紧、歌唱状态不够松弛等；最后，再针对学前儿童在演唱上出现的这些问题，有的放矢的进行训练；让学前儿童以记忆中正确的声音感觉作为标准，并将其与以后的每次演唱时的声音感觉相比较，在一次又一次的不断实践与练习中，逐渐向标准靠拢，逐渐总结经验，逐渐改正演唱上的毛病，让唱对、唱好的次数增多。

虽然就学前儿童声乐教学而言，声乐教师的示范起到了相对重要的作用，这一点毋庸置疑。但是，在学前儿童声乐教学的过程中，还应尽可能的避免让学前儿童纯粹机械的对声乐教师的声音进行模仿的现象。首先，学前儿童还没有经历过变声期，他们的发声器官相较于成人而言稚嫩脆弱，发育并不成熟；其次，学前儿童与成人在音色上、演唱音域的广度上、宽度上，都有着明显的差别。再者，未变声的学前儿童们在演唱时多以真声为主，而成人在演唱时则多以真假声参半，甚至假声成分居多的混声状态为主。倘若一味的让学前儿童声乐学习者照猫画虎，依葫芦画瓢，机械的去模仿声乐教师的声音，在某种程度上会让学前儿童养成错误的歌唱习惯，最终导致其声带的损伤；同时，还很容易让学前儿童在模仿过程中出现高音发虚、中低声区不稳、捏挤着嗓子喊唱等不良现象，从而导致其出现更多演唱方面的弊病。所以，在学前儿童声乐教学过程中，声乐教师亲自示范的目的是为了要求学生从教师的示范中学习用声以及音乐处理的原则和方法，而不是唱成老师的翻版；是为了让学生形成对声音的正确认知；培养学生对声音的正确审美；帮助学生建立科学的歌唱理念；让学生从根本上认识到自身在演唱方面的问题与不足，主动积极的配合声乐教师的教学，从中寻找到解决演唱方面问题的方法。声乐学习不仅是练嗓的过程，更是练耳、练脑、练心的过程，从某种程度上而言，一名声乐学习者拥有一副灵敏的耳朵，一颗聪慧的头脑，一颗充满耐性的心远比只拥有一副好嗓子要重要的多。

再者，业精于勤而荒于嬉，对于一名声乐教师而言，还应不断的学习、不断的思考、不断的进步，精益求精，力求不断提高自己的演唱技巧、专业能力、教学水平。俗话说："问渠哪得清如许，为有源头活水来"，"是固教然后知困，学然后知不足也"，毕竟，要想给学生一碗水，教师必须拥有一桶水；要想给学生一桶水，教师必须源源不断长流水。一名声乐教师的示范程度的好坏直接关乎到学生是否能建立正确的声音审美；直接影响到学生是否能形成正确科学的歌唱理念。声乐教师有失水准的示范带给学生的不仅仅是不科学的发声方法的误导；还会让学生失去对正确声音的辨识度；从而使学生失去了一副对正确的声音有着敏锐感知力的"好听觉"；良好的范唱这也是优良教师应有的修养，教师怎么唱，学生也就怎么唱，这是必然的现象。

二、反复练习法

年轻的歌唱者应当牢记，基本功（歌唱技巧）一定要练得扎实巩固。作为一个歌唱者，打好声音技术的基础是极为重要的。对于一名学前儿童声乐学习者而言，演唱方法的掌握、演唱技能的运用、演唱水平的提高都需要其付出极大的心血与努力，需要其花费大量的时间与精力，需要其进行一次又一次的反复练习与实践，不存在任何捷径可走。没有能适合于所有的人的固定和速成的办法，所有歌唱者都需要某种程度的声音训练，哪怕是最好的自然声音，也是众多实践经验和辛勤劳动学习的成果。

因此，反复练习对于学前儿童声乐学习者而言是不容忽视的，是学前儿童声乐教学过程中不可或缺的重要环节之一。学前儿童声乐学习者不仅要在声乐课堂上不断地进行反复练习，课后仍需要通过大量的练习来巩固其正确的发声方法与歌唱状态。简言之，技能的掌握与提高就是在不断的重复练习中得以实现，就是在不断的思考与不断的练习的有机结合之下，逐步巩固与提高。

当然，反复练习也需要讲究一定的方法，机械化的、无侧重点、无针对性的、枯燥无味的反复练习，不但会让学前儿童在最快的时间里对声乐学习丧失兴趣；而且根本无法让学前儿童的演唱达到起初预想的效果；甚至只会适得其反，让学前儿童的歌唱状态越来越差，从而形成恶性循环。所以在学前儿童反复练习的过程中，声乐教师要善于引导学前儿童掌握如何正确、有效的进行反复练习的方法。首先，要增强学前儿童对于声音的感知能力，培养学前儿童对于正确的声音效果的辨识能力；其次，要让学前儿童在声乐教师的指导下，仔细揣摩、认真体会、反复对比自己在正确演唱时和错误演唱时，发生在声音上、气息上、位置上、音量上、音色上、发声器官上、肌肉上，甚至是身体上的不同感受；让其记住发出正确音响效果时的歌唱状态，并通过不断的练习对这种正确的歌唱状态加以巩固；再者，在练习过程中还应让学前儿童学会进行音与音之间、字与字之间、乐句与乐句之间、歌词与歌词之间的对比练习。比如：

有的学前儿童开口音好，但是闭口音不好。面对这种情况时，可以让学前儿童在练习闭口音之前，先多唱几遍开口音。随后，让其将唱开口音时的歌唱状态与唱闭口音时的歌唱状态进行对比，在对比的过程中，逐步把唱开口音时的歌唱状态带入到唱闭口音的状态中去。在学前儿童声乐教学实践中发现，此方法从某种程度上能解决学前儿童在演唱方面的相关问题。总之，声乐教师要善于建立培养学前儿童声乐学习者对声音的正确认知；提高学前儿童声乐学习者对声音的敏锐度；增强学前儿童声乐学习者对声音的判断能力；培养学前儿童声乐学习者养成自主思考、自主琢磨、自主领悟、自主练习、自主突破的能力；让学前儿童声乐学习者能掌握正确有效的练习方法，并在不断的反复练习中有所思考、有所进步、有所提高。

三、赞美鼓励法

学前儿童声乐教学通常是以声乐教师与学生一对一，口传心授的方式进行，在教学过程中声乐教师情绪的好坏会直接影响到学生的上课状态。因此，在学前儿童声乐教学过程中，声乐教师应当以赞美鼓励的教学方式为主，不要一味的批评指责学生在演唱方面存在的缺点与不足。正所谓"尺有所短，寸有所长"，每个人的资质不同，能力不同，每一个学前儿童声乐学习者在嗓音条件、理解能力、感知能力、领悟能力、接受能力、学习能力、演唱能力等方面也都会存在着明显的差异。

那么，在学前儿童声乐教学过程中，面对理解能力较差，演唱状态不佳的学前儿童声乐学习者时，作为声乐教师，千万不能说："你为什么那么笨？你为什么总是做不到？你有长脑子吗？你听不懂我说的话吗？你有用心在学吗？你总犯同样的错误有意思吗？你这样的人还学什么唱歌"等诸如此类明显带有不满情绪、鄙视讽刺、极富挖苦色彩的话语。当学生听到这类刺激性的语言，看到声乐教师出现这样过激的反应时，他们会瞬间倍受打击，不知所措；他们会在第一时间里迅速对学习声乐失去兴趣，立马对歌唱产生非常强烈的排斥与抵触情绪，以至于让接下来的课堂教学无法顺利进行。

面临学生出现累教不改的情况时，声乐教师应当给予忍耐与包容；应当不厌其烦的针对学生在演唱中的毛病进行反复纠正与悉心指导；应当做到及时的与学生进行沟通交流；第一时间里了解学生的真实想法和感受；应当站在学生的立场上去换位思考，找到学生反复唱错的真正原因所在。这样一来，不但会大力提升学生的自信心与演唱的积极性，还能有助于学生在更快的时间里改正演唱方面出现的错误。再比如，当遇到学生在各类比赛中发挥失常，未能取得预期的好成绩时，作为声乐教师，一方面应当客观的分析学生在此次比赛中失利的原因；为学生提出最客观、最合理、最中肯的建议；让学生能正视自身与其他选手之间存在的差距，找到自己演唱方面存在的不足；同时，还应帮助学生在以后的声乐学习中树立更明确的方向与目标；另一方面，声乐教师千万不要对学生的发挥失常表现出极大的不满与埋怨，不要采用过于说教，过于指责的态度。反之，应适当用："胜败乃兵家常事，失败乃成功之母，比赛最重要的是锻炼自己，"等诸如此类的鼓励型的话语去开导学生。如此一来，学生便不会因为比赛的失利而自卑沮丧，产生巨大的心理负担，以至于一蹶不振，彻底丧失对声乐学习的积极性；反而，会把积极参加声乐比赛当作促使自己不断进步的动力，把偶尔的失败当作声乐学习过程中的小插曲，鞭策激励自己在以后学习声乐的日子里更加努力。

以上所谈到的这几种学前儿童声乐教学方法是教师这几年来从学前儿童声乐教学实践的经历中得出的一些小小体会，也是在学前儿童声乐教学实践中惯用的几种较为有效的方法。当然，所谈到的这几种学前儿童声乐教学方法仅仅只是些皮毛而已，学前儿童声乐教学方法远远不止这些。教师会向各位专家、各位老师学习，并且希望能够有幸与各位专家、各位老师、所有的有关声乐方面的从业者们，共同努力、共同摸索、共同探讨、共同总结、共同归纳、共同整理有关学前儿童声乐教学方面的相关问题，为学前儿童声乐教学的发展尽自己的一点绵薄之力。

第三节 学前声乐教学中需注意的相关事项

一、学前声乐教学中声乐比赛与舞台实践的重要性

声乐属于表演艺术，是一门实践性很强的学科，它不仅仅需要声乐学习者对演唱基本功进行日积月累的反复训练，同时还需要声乐学习者将自己的"所学、所练、所得、所唱"充分与大量的舞台实践相结合，包括积极参与诸多的声乐比赛，包括抓住一切机会广泛的进行各种演出活动。"声乐艺术实践是巩固学生所学知识和技能，发展学生艺术创造能力，培养学生歌唱心理的主要渠道，也是反映教学效果，体现教学质量的主要依据。"

因此，在学前儿童声乐教学中，鼓励学前儿童大量参与声乐比赛与积极进行舞台实践是不容忽视的，其重要性主要体现在如下几个方面。

（一）出场与谢幕的训练

众所周知，歌唱是一门视听艺术，它不仅仅需要歌者拥有动听的声音，还需要歌者在舞台上的一招一式都得体恰当，因此在舞台上的第一印象是十分重要的。在学前儿童参与声乐比赛与舞台实践中，学前儿童的出场亮相直接决定了评委或观众对其第一印象的好坏。如果学前儿童在出场时表现的畏畏缩缩，

畏手畏脚，担惊受怕，扭扭捏捏。那么，评委与观众自然而然能感受到其怯场与心虚；会自动联想到其演唱能力有限，心理素质欠佳，缺乏舞台经验；对其的演唱不会给予很大的期望；倘若，学前儿童以饱满的状态，精神矍铄的走向舞台，那么，这份由内而外透出的自信，便会给评委与观众留下良好的第一印象，让评委与观众对其的演唱充满期待。与此同时，谢幕也是声乐比赛与舞台实践中较为重要的一个环节。从以往的学前儿童声乐教学实践经历来看，有的学前儿童会在一唱完，音乐还未结束的时候便一股脑匆匆忙忙地"逃离"舞台，全然不顾坐在台下的评委与观赏者的感受；有的学前儿童则与之相反，会因为高度紧张致使在音乐完全结束后依旧没有缓过神来，傻傻的站在台上一动不动。面对学前儿童声乐学习者们在出场与谢幕时容易出现的种种突发状况，声乐教师应当在平时的课堂中加以反复告知；并且可以把平时的课堂假设为声乐比赛的现场和演出的舞台；对学前儿童们的出场与谢幕进行反复的模拟训练，指出并纠正其问题所在。再者，无论学前儿童声乐学习者的实际演唱水平如何、现场发挥能力如何、对舞台的驾驭能力如何，声乐教师都应当给予其大量的鼓励与支持，让其在出场与谢幕时做到：大方、自信、沉稳。

（二）舞台形象的准确把握

在艺术实践中拥有良好的舞台形象是至关重要的。在学前儿童参与声乐比赛与进行舞台实践时，恰如其分的舞台形象可以为他们的演唱锦上添花，而不得体的舞台形象则会为他们的演唱画蛇添足，破坏其演唱的整体效果。对于学前儿童声乐学习者而言，为了塑造出较好的舞台形象，需要选择与其演唱的歌曲内容相匹配的服装；需要搭配合适的妆容；需要辅以能展现其歌曲内容的面部表情与肢体动作。学前儿童在舞台上的服装样式不要过于复杂花哨，妆容也不要太浓，清爽干净就好。整体形象应做到：正式、简单、大方、活泼、充满朝气即可。女孩可以以绚丽鲜艳的亮色系裙装为主，男孩可以以干净利落的小西服为主。如果碰上演唱少数民族风情的歌曲，则可选择符合该民族特色的民族服饰。

在演唱过程中，学前儿童声乐学习者的面部表情应做到大方自然，一颦一笑都应与歌曲内容相符合，不可出现歪咀、皱眉、蹙额等有损舞台形象的举动。至于肢体语言的把握，声乐教师可根据学生演唱的不同歌曲的不同内容来进行肢体动作的编排。首先应避免耸肩、缩着脖子、挺着肚子、塌着胸、仰着头等不雅习惯；同时应遵循：肢体动作适度得体，以更好的辅以诠释歌曲为主要目的，切勿本末倒置，因为过多的肢体动作而影响了学生演唱水平的发挥。

（三）话筒的正确使用

在学前儿童声乐的比赛和舞台实践中，基本上是以跟着伴奏带，拿着话筒演唱的形式为主。跟着伴奏带，拿着话筒演唱，与在课堂上没有麦克的情况下，跟着钢琴伴奏演唱，是两个完全截然不同的概念。那么，声乐教师教会学生如何正确的使用话筒是非常有必要的。因为话筒的正确使用与否，从某种程度上而言直接影响了学生的现场演唱水平的发挥。有的学生在使用话筒时习惯将话筒离嘴较远，这样便造成现场演唱时的声音太小，甚至让台下的评委与观众完全听不清楚他到底在唱什么；有的学生则生怕演唱时的音量不够，喜欢将话筒一味紧紧贴着嘴皮，导致声音的混响效果过大，歌声太刺耳；还有的学生会因为过度关注演唱中的舞蹈动作，想要尽可能的展现丰富的肢体语言而致使话筒离嘴的位置忽近忽远；造成声音时而太大，时而太小，音量极其不稳定，音色极度不统一；使得自己在现场的演唱水平，较之声乐课堂上的演唱水平而言大打折扣。

面对如上这些情况，声乐教师应该让学生知晓，使用话筒演唱是为了达到更好的演唱效果。话筒应当放在嘴巴的斜下方，离嘴的距离要适中，不要过远也不要过近，更不要挡住自己的脸；应当让台下的评委和观众清晰的看到自己的五官与面部表情；同时，还要让学生在演唱过程中学会时刻听自己的声音。

因为音响效果随时会出现不稳定的情况。当一旦发现话筒的声音突然变小、突然变大或突然没声时，要在第一时间里迅速的做出调整，不要影响整体演唱水平的发挥；另外，对于该用哪个手拿话筒应遵从学生的个人习惯，以舒服合适为前提。

（四）临场应变能力的培养

声乐艺术实践中，歌唱的场地、环境、气氛等外部条件的变化，都可能引起歌唱者心理的变化，歌唱心态的稳定与否，往往是声乐演唱成败的前提。在学前儿童参与声乐比赛和进行舞台实践的过程中，不可避免的会出现各种突发状况。因此，声乐教师在平常的课堂训练中就应当有意识的培养学生的临场应变能力，让其在比赛和舞台实践中遇到问题时能做到临危不乱，应对自如。比如：有的学前儿童在舞台上会因为紧张或其他原因出现忘词、跑调、唱错、抢拍、跟不上伴奏带、发挥失常、突然失声等情况。一旦发生诸如此类的突发状况时，学生通常都会在一瞬间里不知所措、慌忙不迭。那么，在平日的课堂上，声乐教师就应当要让学生明白：即便是在舞台上出现上述这些情况时也不要害怕，不要惊慌；要最大限度的保证自己在舞台上表演的完整性；千万不要因为一些突发性的失误而在舞台上停下来不唱了；应当继续保持镇定，冷静下来，迅速的投入到接下来的演唱中；同时，事后声乐教师还应当在言语上、心理上对学生给予大量的鼓励与肯定，告知："胜败乃兵家常事，参与声乐比赛和进行舞台实践其实就是一次又一次锻炼自己,让自己不断成长,不断进步的过程。"声乐教师千万不要让学生因为在声乐比赛或是舞台实践中偶尔的失利而造成心理上的负担。

二、学前声乐教学中家长配合的重要性

法国教育家福禄贝尔说过："国民的命运，与其说是掌握在操权人的手中，倒不如说是操在母亲的手中。"家庭是孩子接触与成长的第一环境，在孩子成为社会人之前最先依赖的便是家庭教育、父母的教育。从某种意义上而言，家庭是孩子接触到的第一所学校，父母是孩子的第一任老师。父母的生活习惯、兴趣爱好、品性意志、道德情操、所思所想、言行举止等方面，无形当中都会成为孩子模仿的对象，潜移默化中影响到孩子的成长、生活与学习。由于在学前儿童声乐学习者中普遍存在着自我控制能力较差、自觉度不够、缺乏耐心与恒心的情况。因此，在学前儿童声乐学习的过程中，家长的大力支持与配合十分有必要的，家长必须充分发挥其在学前儿童声乐学习过程中的作用。

一般情况而言，学前儿童声乐课的上课频率保证在一周一节或最多一周两节，每一次的上课时长通常为半小时至一小时不等。课后的大部分时间则均是由学前儿童自己在家练习。由于学前儿童天性爱玩好动，定力不够，缺乏自我约束力，在面对声乐教师布置的枯燥无味的声乐作业时，大部分的学前儿童是存在着明显抵触情绪的。一般情况下，学前儿童都不可能自觉主动的按照声乐教师的要求去完成声乐作业。在进行学前儿童声乐教学的过程中，发现一个鲜明对比，那就是：有些学前儿童的上课进度非常慢，本来一节课的课时就能完成的教学内容，却可以浪费掉好几节课的时间；对于上节课已经指出并改掉的演唱毛病，这节课、下节课、甚至下下节课依旧还是会再犯同样的错误，如此反反复复，翻来覆去，形成恶性循环；反之，有些学前儿童的上课进度则会很快，在课堂上与教师的配合互动较为默契；对于教师指出的问题能迅速改正；

对于教师提出的有关演唱上的要求也都尽力做到;时刻都将自己的精神状态、学习状态、歌唱状态调整到最佳;使得上课过程顺利愉快,使得自己的演唱水平逐渐稳步提高。课后与不同的学前儿童、家长们沟通交流,才得知造成此种鲜明对比的原因。学习进度慢的学前儿童除了在声乐课上跟着声乐教师学习外,课余时间是基本不会练习的,就算是练,也是马马虎虎的应付,三天打鱼两天晒网,家长们则对此行为视而不见,放任不管;然而,学习进度快的学前儿童,不仅会在课下主动按照声乐教师的要求去完成布置的声乐作业,还会不断的琢磨思考声乐教师在课上所指出的关于演唱方面存在的问题;即便是偶尔对声乐学习出现懈怠抵触的情绪时,家长也会在一旁对其不断督促、不断鼓励,让其充分保持声乐学习的积极性。

由此可见,在学前儿童声乐学习的过程中,家长的积极支持与配合是尤为关键的,如果没有家长的支持与配合,学前儿童的声乐学习进度会明显受阻,演唱水平也很难有所提高。因此,家长应在学前儿童声乐学习的过程中积极配合声乐教师的教学;对学前儿童的声乐学习起到督促、鼓励、引导的作用;让学前儿童逐步养成自觉学习、主动练习、勤于思考、乐于歌唱的好习惯。

三、学前声乐教学中端正学习动机的重要性

动机是引起、维持个体活动并使活动朝某一目标进行的内在动力。那么,就学前儿童声乐学习动机而言,顾名思义是指:学前儿童进行声乐学习的内在原因是什么?学前儿童为什么要进行声乐学习?在进行学前儿童声乐教学实践的经历中,时常会问到学生:"你为什么要学声乐?"而学生们给出的回答则五花八门、截然不同。有的学生是不论自身对于声乐学习是否具有兴趣,却迫于父母长辈的压力,不得不学;有的是因为自己天生热爱唱歌,自愿学习,乐

于学习；有的是因为看到别的小朋友都在学习声乐，自己也想凑凑热闹，跟风学着玩；有的则纯粹是为了获得声乐考级证书和各种声乐比赛的奖项，抱着极强的功利心来学习声乐等等。动机的性质决定着学习的方向和进程，影响着学习的效果。学习动机的培养与激发，是声乐教学工作的一项重要任务。作为一名声乐教师，不仅仅是学生知识的传授者，更是学生心灵的培育师、学生的榜样，正所谓"学高为师，身正为范"。在学前儿童声乐教学过程中，面对部分学生表现出的错误的、狭隘的、片面的声乐学习动机，声乐教师有责任有义务结合自身的经历与体会，通过言语上的沟通与交流、思想上的开导，帮助学生明确学习声乐的目的。"要从道理上指出其学习动机的错误以及错误动机的不良后果，促使其从主观上纠正错误动机，"端正其进行声乐学习的动机。要让学生明白：学习声乐是为了让自己知悉声乐理论知识，掌握科学的发声方法和娴熟的演唱技巧；是为了培养自己对美好声音、美妙音乐的感知能力；培养自己对不同的音乐形象的理解能力、对音乐的表现能力、对声乐作品的二度创作能力；是为了陶冶自己的艺术情操，锻炼自己的意志；是为了提高自己的音乐素养，丰富自己的精神生活，以实现自己的"德智体美劳乐"的全面发展。

综上所述，在对学前儿童进行声乐教学的过程中，声乐教师要尤为重视将声乐理论知识的讲授与舞台实践双重结合；要鼓励学前儿童大量参与声乐比赛与舞台实践；要让学前儿童在参与声乐比赛与舞台实践的过程中，找到自身演唱上存在的不足并加以改正；要时刻注重保持与家长的沟通和交流，且不要忽视学前儿童在声乐学习过程中家长的支持与配合的重要性；同时，还要帮助学前儿童端正树立正确的声乐学习动机，让学前儿童能抛开负面的思想包袱，做到快乐歌唱，享受歌唱。学前儿童声乐学习者年纪尚小，在心智上与生理上均是不成熟的状态。面对这样一群处于特殊年龄范围的声乐学习者们，声乐教师需要花费更多的耐心与心思。应当在学前儿童声乐教学过程中，善于抓住学前儿童特有的心理特征与情绪状态；遵循学前儿童声乐教学原则；采用不同的学前儿童声乐教学策略；针对学前儿童在演唱中的常见问题，对症下药；结合各类型的学前儿童声乐作品，量体裁衣、因材施教；让学前儿童声乐学习者能较好的掌握系统科学的发声方法，能自如的运用演唱技巧。

与此同时，声乐教师在对学前儿童进行声乐教学的过程中，还应将课堂学习与舞台实践齐头并进，注重将声乐理论与艺术实践相统一；让学前儿童声乐学习者积极参与到各类声乐比赛与艺术实践中去；让其不断地在赛场与舞台上得到锻炼，不断的进步，不断的成长；真正的学有所得、学有所获、学以致用。

四、培养学生良好的歌唱心理

歌唱者在歌唱发声的时侯，没办法看到自己身体里各相关器官的内部构造和运动状态，但又必须协调好这些器官的运动，如果单从生理上来控制或者调整是很难达到要求的。前面讲了，歌唱的整个过程都充满着心理活动，心理活动才是歌唱活动的主宰，所以说"歌唱是生理学的，也是物理学的，但归根结底是心理学的。"歌唱者的任何行为和动作都渗透着一定的歌唱心理、都是受心理意识支配的，良好的声音效果，一定是生理活动与心理活动密切配合的产物。意大利马腊费奥迪医生曾指出："让心理去支配一个完整音域范围的声音，若不是在歌唱家心中有戏剧和悲剧的诗篇的话，就会使歌唱显示出抒情和悲剧性的感情。"这就形象地说明了：歌唱者的心理情绪在歌唱中起着何等重要的支配作用。沈湘教授曾说："歌唱发声不是力气活儿，光凭劲儿是唱不好的。"可见歌唱不单是体力活，它还是一种智慧的脑力劳动，离不开注意力、感觉、知觉、想象、联想、情绪、情感与记忆等重要的心理因素。喻宜首教授曾在《几年来音乐院校音乐教学中的几个问题》一文中说："从这几年的经验中，我们懂得了在进行声乐训练之前，要注意对学生的心理状态方面的训练，若歌唱者的心理状态不自然、不平静、精神不集中、不充沛，就不可能发出优美的声音，就不会唱动听的歌曲。只有当他（她）内心充满强烈的歌唱渴望时，具有真挚的学习信念时，才能积极地完成声乐教学的任务。因此，在教学中，我们要有意识地培养学生的歌唱情绪,使学生从训练之初就能形成一种很好的精神状态，能非常自然地、热诚地、聚精会神地、严格地来进行这种创造性的劳动。"可见，在教学中，教师只有激发起学生良好的歌唱心理情绪并使这种情绪处于稳定状态，学生才能积极地、自然地、聚精会神地、严格地配合教学。在教学中培养学生良好的歌唱心理，必须加强歌唱中的注意、思维、想象、联想、记忆、意志、感觉、知觉、情绪、情感等心理因素的培养，这也是培养学生良好歌唱心理的主要途径。

（一）培养歌唱的"感觉"

心理学指出："感觉是人脑对当前直接作用于感觉器官的客观事物的个别属性的反映。"感觉是心理学的一个基本概念，是人最基本的心理活动，也是人类最初级、最直接的理解和认识事物的方法，是人了解和认识事物的开端。它是一种感性认识，是人们获得感性知识的心理基础，这些感性知识是通往理性认识的必由之路。列宁曾指出："不通过感觉，我们就不能知道实物的任何形式，也不能知道运动的任何形式。"可见人的一切较高级、较复杂的心理现象，都是在通过感觉而获得的材料的基础上产生的，人离不开通过自己的感觉器官与周围的世界发生自然的、感性的联系，即运用视觉、听觉、味觉、嗅觉和触觉等来接触和了解世界。

根据心理学中感觉的概念，可以把歌唱的感觉理解为：人的大脑对直接作用于感觉器官的声音的个别属性的反映。也就是说，歌唱的感觉是歌唱发声中的心理活动的开端，是对歌唱发声的初步认识，它是为歌唱发声的高级认识提供必需的信息和材料。声乐学习与教学是一个复杂的过程，很多发声的技能、技巧难以用语言来描绘，有时候就算教师说清楚了，学生也很难准确地理解。沈湘教授说："方法是抽象的，感觉是具体的。学唱，光知道方法，自己做不到，那么方法还是老师的，你还没学到手。只有实实在在找到了具体、正确的感觉，才算把老师的方法学到了手，真正变成了自己的东西"。在歌唱训练中，我们也常有"找感觉""没感觉""感觉好"之说。可见感觉对于声乐教学来说至关重要，它在歌唱与发声中无处不在，无时不有，声乐学习中的每个环节，很多时候都需要从细致的感觉中去体会，练窿声的过程，实际上就是一个感觉体会的过程；声乐教学中的许多从生理上难以言传的问题，也都需要从各种心理感觉入手，这样就简单、容易得多，而且能收到事半功倍的效果。事实上，声乐教学的每个阶段都伴随着对学生感觉能力的培养。比如在吸气时，教师经常提醒学生找"倒吸一口凉气""气息坐在腰上""打哈欠"的感觉，此外还用"打哈欠"的感觉体会喉咽腔打开的状态，用"哼"的感觉体会声音的"高位置"，用"吸着唱""叹着唱""贴着咽壁唱"等启发学生体会声音唱在深呼吸上、唱在通道里的感觉等。如此种种用形象的比喻和通俗、易懂的感觉来启发学生"找感觉"，是在声乐教学中经常用到的方法和手段。因为感觉是人的天性，感觉训练的最大作用在于能够充分利用人的天性来调解和支配自己的肌肉协调运动，使复杂的肌肉运动过程实现自动化。比如"呼吸的感觉""放下喉头的感觉""共鸣的感觉""声音位置的感觉""咬字吐字的感觉""情绪情感的感觉"等。其实感觉就像一道门，谁能顺利地打开它，就可以走入通向艺术语言所描述的艺术形象之中，去感受和领悟看不见、摸不着的许多有形

49

与无形的事物、道理、方法以及更为丰富的艺术内蕴。

敏锐的音乐感觉为声乐的教与学都提供了一个良好的心理调控的平台。在实际的教学中，由于个体的差异，有些学生能较快地找到并把握具体、正确的感觉，进步就很快。而有些学生尽管学习了很长时间，训练也很刻苦，但没能把握好正确的感觉，往往达不到预期的目标。心理学研究证明：人的感觉记忆是非常短暂的，感觉记忆保持的时间大约不超过一两秒钟。如果仅靠几次一两秒钟的记忆，很难完全准确地把握发声正确的感觉，因此在平时的歌唱与发声训练中，要长期不断地训练、培养歌唱的感觉。

（二）培养歌唱的记忆

记忆是个体对其经验的识记、保持和再现（回忆和再认），即过去经验在头脑中的反映。它包括识记、保持和再现三个基本过程，这三个基本过程是密切相连的：识记是记忆的开始阶段、是获得知识经验的记忆过程，识记和保持是回忆和再认的基础，而回忆和再认则是识记和保持的结果，并进一步巩固和加强识记和保持。也就是说：没有识记，谈不上对知识经验的保持；没有识记和保持，就不可能对经验过的事物进行回忆或再认。记忆是一种复杂的心理现象和极其重要的心理活动，在一切音乐活动中，记忆都是一个不可或缺的心理活动过程。卡鲁索说："出色的歌唱家要具备九十分的记忆力，十分的才智，长期勤学苦练。"可见记忆在声乐教学和演唱实践中有着非常重要的地位和作用，歌唱者的一切活动只有在歌唱记忆的基础上才能顺利进行，因为歌唱记忆既能够把已经感知过的声乐材料贮存在头脑中，也能借助歌词、音乐等把学习和思维的成果保持下来。这样，通过记忆不仅可以积累个人歌唱学习和生活的直接经验，也可以学习前人的间接经验。没有记忆，学习就不可能取得进步，更谈不上掌握高超的声乐技能了；只有通过记忆，才能将歌唱方法和艺术的各种信息进行有效地结合与运用，它是熟练技巧、形成正确习惯的前提，是演唱实践成败的重要保证。可以说音乐记忆的过程就是一个反复感知的过程，学习声乐的过程就是不断记忆的过程，记忆能力的好坏直接影响着歌唱者的学习水平。歌唱学习的记忆可分为形象记忆（以感知过的人、事物的形象为内容的记忆）、情感记忆（以曾经体验过的某种情感为内容的记忆）、逻辑记忆（以概念、规律为内容的记忆）和运动记忆（过去做过的运动和以运动为内容的记忆）。这些记忆在歌唱学习中都起着各自不同的作用：形象记忆可以帮助歌唱者记住歌唱发声的具体形象，包括视觉形象（比如把歌唱行为的视觉形象记在脑子里）、听觉形象（如在内心聚集着一个完整的听觉表象，并随时可能转化为实际的声响）、味觉、触觉以及嗅觉形象；情感记忆在作品表达上尤为重要，可以说没有情感记忆，就无所谓演唱艺术；对旋律、歌词的记忆，按照旋律的逻辑规律演唱、按照歌词的逻辑背诵歌词等，都要依靠逻辑记忆来发挥作用；发声中呼吸动作的记忆、读字动作的记忆、声音动作的记忆等，都是随着运动记忆的逐渐形成，正确活动的逐渐巩固，而形成一定歌唱行为习惯的。

一个演唱者除了以上这些记忆外，还要有更为敏锐的音乐记忆，音乐记忆的各种品质在不同的人身上结合得不尽相同，有记得快忘得也快、记得快忘得慢、记得慢忘得快、记得慢也忘得慢等不同的结合。在声乐学习中，需要记忆的内容十分繁杂，涉及到的记忆信息材料也极为丰富，包括歌唱训练和表演中所有相关的理论、概念、规律、教师的范唱、技能技巧的训练、歌曲的旋律、歌词、节奏、音调、形象、角色表现出的情感和学生自身对技术实际操作的方法、动作要领、手段、音响效果、歌唱时的肌体内外部运动感觉体验等，这一切与歌唱活动有关的内容和材料都需要歌唱者合理地分析、处理和记忆，以便在需要时能自如地对有用的材料加以随机提取和运用。无论是对发声肌体运动的感知、对情绪与情感的体验还是对抽象事物的思维、理解记忆，都需要经历由识记、保持、重现或再认这一基本的记忆过程，歌唱者在训练中必须重视这个记忆过程中的每一个环节。所以教师在教学中应了解并根据学生的记忆特点、遵循记忆的规律，因人而异，采取不同的方法、有目的地培养学生的歌唱记忆力。比如在教学过程中，很多学生都不喜欢背歌词，而背不了歌词，就不能全身心地投入演唱，这样肯定会影响演唱效果。那么作为教师，一方面要跟学生说明背熟歌谱和歌词的必要性和重要性；另一方面，不仅要求学生背熟歌词、对声乐作品的内容以及音乐部分进行反复细致的研究和理解，还要通过作品的旋律和歌词感情的内在联系对学生进行音乐记忆的训练。这样，学生既理解了音乐，也背好了歌词。久而久之，学生就

增长了潜意识的音乐记忆能力，就能把平时练习中正确的歌唱方法、技术和声音形象等深深地烙印在头脑意识之中，从而达到随着歌唱情感的需要，形成"自动"反应，并充分而自信地展示出来的目的。

（三）启发和丰富想象力

大多数声乐学习者都觉得声乐难学，而从事声乐教学的人更是感到声乐难教。究其原因，主要是学生不能正确理解老师的要求，领会和掌握不了老师所教的方法，师生之间歌唱的状态、感觉没有形成一致，教师和学生之间不能默契地配合，以至于学生很难有高质量的声音和较好的音乐表现。要在声乐教学中解决这一矛盾，教师需要多用"联想和想象"在师生之间架起一座互通的桥梁，这样可以收到意想不到的教学效果。

联想，是由当前感知的事物回忆起有关的另一件事物，或由想起的一件事物又想起另一件事物；想象，是人脑在原有表象的基础上加工改造形成新形象的心理过程，也可以说是人的一种创造性的心理活动；而声乐学习中的想象就

是歌唱者在能感觉记忆、思维的基础上，在头脑中创造出美好的新声音形象的心理过程。

想象是贯穿在歌唱发声训练过程中一种重要的心理因素，又是教学一系列心理活动中的一个中心环节，它是一种以表象为特征的思维活动。歌唱中的表象"就是个人在生活中感知过的人和事物，当前在头脑中再现出来的映象。"联想与想象是把音乐和现实生活联系起来的中介环节，歌唱者的任何心理过程（包括认识、情感、意志等），不论是简单还是复杂的，都离不开想象，想象是渗透于歌唱与发声的每个技能，每个环节的：歌唱的起音、声音的位置、共鸣、气息、咬字吐字以及对情景、情绪、情感的体验等等，无不需要联想与想象，丰富的想象力可以铸造声音的形象。王福增曾说："要想得到优美动听的音色，首先要在内心建立起这种声音的概念，要在内心的想象中准确地知道这个声音的形象，用这种'内心听觉'指挥和控制发声机能，寻找最美、最动听的声音，我认为这是一种最好、最快的学习声乐的方法。"意大利最杰出的声乐教授兰培尔蒂在谈歌唱教学时指出："你的歌曲产生自你的想象，歌唱的强度是出于想象，你的技艺闪烁着你的思想，你的解释是你的思想和想象结合在一起所形成的情感和气质。"他在谈感觉时指出："要唱好歌，你必须一直感觉到喉腔放开、胸腔宽阔和腰部扩张"。这些其实都是一种歌唱意识、歌唱感觉和歌唱想象，它们在歌唱发声中都有着极其重要的作用。

声乐教学艺术中的想象主要分为内心听觉想象和联想想象两种类型。其一，歌唱发声是一项相当复杂而又抽象的活动，只有通过内心想象，致力于在自己头脑中准确地形成正确的声音形象，并使自己发出的声音与想象的声音一致时，才能产生科学的发声。其二，调动丰富的联想，通过比拟、描绘等方法启发学生。在教学活动中，调动学生丰富的联想想象（即通过生动的语言描绘某种想象的表象，并寻找和利用这种表象与所比拟的发声状态之间的联系来启发学生，使学生自动地进入所要求的歌唱状态），是富有经验的教师最常用的教学手段。运用想象的手法能把教师的教学语言和学生的思维活动结合起来，使学生积极地产生丰富的联想和想象，帮助学生理解发声的心理活动状态以及生理肌肉的动作机能，使不能直接感知的发声技巧在大脑中形成具体的形象，留下深刻的记忆，进而达到精确地把握发声生理机能技巧的感觉，深刻领悟和体验音乐作品的情感、意境，建立正确的歌唱感觉和歌唱意识。因此，在声乐教学中应该从各个方面启发学生的想象，比如：1.深呼吸时，教师启发学生想象张嘴打哈欠的感觉将气息吸入腰内，歌唱发声时再将气息从腰内向腰的外围扩张，如此循环反复，想象着气息的吸与呼都在腰的内部与周围进行。这样就容易摆脱一些不必要的紧张，使双肩和胸部得到彻底的放松，而把注意力集中到腰部，达到深呼吸的目的。为了让学生在歌唱发声时找到呼吸支持的感觉，可以启发学生把气息对歌唱的支持想象成从脚开始直通头顶有一根"气柱"，也可以想着在发声时保持吸气的状态，想象气息从横隔膜、口腔、头腔三处源源不断地往上，再从脑后、背后往下回到横隔膜，感觉气息形成上下循环，这样就容易找到歌唱时呼吸支持的感觉。2.有些学生发出的声音缺乏整体的共鸣，这时教师除了让学生明白歌唱是全身心的运动、从头到脚都要积极主动协调参与之外，同时让学生想象嘴巴"长"在肚脐眼处，想象歌唱时有一条从口腔出来的"声线"，一条从肚脐眼出来的"气线"，这样去想象着唱，声音就会有明显的气息支持和整体的共鸣效果。3.做声音稳定和统一练习时，启发学生想象音与音之间的衔接就象一条线通过圆形管状物一样均衡、统一，声音的运动状态是一直往上前方送的，而不应象通过竹竿似的一节一节的。4.讲到真假声的应用时，用色谱表启发学生，真声和假声没有绝对的分界线，无论在什么音区发声，都应同时有真假声，只是在不同的音区真假声的比例不同而已。5.说到咬字，让学生想象老猫叼小猫的感觉，既不能把小猫咬得太紧，又不能松懈到让小猫掉下去，尺度把握要得恰到好处。6.在塑造声音形象方面，石惟正教授说："声乐表演中无论是歌剧还是音乐会演唱，它们的本质及核心就是一个演字。剧中有人物，有情感和情绪，有情节发展，有特定场景。音乐会的曲目中尽管没有明确标出角色姓名，但仍然有角色，有环境、情景，有基本情感，有特定的心境和情绪发展。唱的人怎样进入角色和场景（情景），关键在于想象。"因此要启发学生对作品的词曲进行充分理解、分析，通过想象把谱子上静止的东西变为头脑中鲜活的形象，有了充分的心理支持，再用形象的歌声把头脑中想象的东西描绘出来。如女高音曲目《绣花女》中的《人们叫我咪咪》，教师可以启发学生展开想象，去体验一个善良、虚弱的姑娘为了生活，身处巴黎却远离人群、绣满花朵却没有芳香，心中充满了对生活的热爱和美好的向往。尽量塑造一个纯洁、美丽、朴素、虚弱、多愁善感的声音形象来表达脆弱、压抑但又充满期望的心情。学生通过想象，将作品的音乐、语言构成一幅幅生动的画面，并且对这些画面进行连续的想象，使音乐、语言和情感较好地融为一体，以用准确的声音形象来塑造人物、表达情感。

总之，想象是歌唱者不可缺少的心理要素，丰富的想象力是声乐教学中的一种构成力量、支配力量和推动力量，更是声乐训练中掌握科学发声方法的必要途径。

（四）培养歌唱的思维

思维是"人对客观事物本质特征和规律性联系的间接的、概括的反映。"它是认识的高级形式，也是理性认识的主要形式。思维的过程是人反映事物的本质和事物之间规律性联系的过程，也是根据自己的知识对现象和客观事物作出判断、寻求问题解决途径的过程。我国古代伟大的教育家孔子曾说过："学而不思则惘。"一个人如果只是一味地学习和接受知识而不用自己的头脑对其作一番认真的思考，那只会得到机械的记忆和深深的迷惑，并不能获得真正的知识。学习的过程就是一个发现问题而后解决问题的过程，而"发现"与"解决"都是由学习者的思维来完成的，可见思维是学习的支柱。

在声乐学习中，歌唱发声的过程始终贯穿着心理思维过程，这种思维过程就是歌唱的思维。歌唱的思维是歌唱者大脑对歌唱发声的间接的、概括的反映，它揭示了歌唱发声的本质和运动规律。所谓"用头脑去唱"。就是用思维去唱。1847 年，巴黎音乐学院声乐教授加尔西亚在他的《歌唱艺术大全》一书中提到：歌唱技巧重在思考，他说："思考比练习更容易提高艺术"。荷伯特·凯萨利在他的《心的歌声》一书中写到："从一个母音过渡到下一个母音，重要的是要从思想上去做……当思想的根据正确的时候，生理部分就有同样的准确性……"我国著名的声乐教育家沈湘教授说："我认为，一个好的歌唱家必须具备三方面的条件：第一就是头脑—思想、智力；第二是心—感情；第三是身（自身条件）—嗓子。头脑是思维的器官，要善于思考问题，善于用脑，对自己的歌唱做到心中有数，有独到的见解和创造性，这是发展歌唱能力的主导力量。"他还经常在教学时跟学生强调说："思想要走在声音的前面"。无独有偶，电影《出水芙蓉》里的芭蕾舞教师在给学生上课时，大声喊道："不要用脚走路，要用脑子走路!"可见，思维在任何学习活动中都起着非常重要的作用。歌唱的思维对于声乐教学活动固然有着直接的影响，歌唱的思维对了，头脑里的方法、思路也就对了，方法和思路对了，才能树立起正确的声音思维、声音观念，这样学习起来才能收到事半功倍的效果。因此发声必须从心理活动出发，即从思维开始：歌唱的全部活动都是人体肌肉运动的过程，没有正确的思维就没有正确的肌肉运动（如呼吸时横隔膜肋下肌与腹肌，咬字时唇、齿、舌、愕肌的正确运动等）、也不可能有正确的歌唱发声。在歌唱训练中，歌唱者无时不需要辨别自己声音的正误、调整各发声器官的协调运动以及考虑如何正确运用老师所教的各类知识和技能技巧等，既要练可以听到的嗓音，又要练听不到的内心感受，这种内心感受就是整个的思维过程。要树立一个正确的声音概念和歌唱意识就必须有良好的内心感受，即要有好的歌唱思维。良好的歌唱意识是正确歌唱思维的反映，洪亮、圆润、丰满的声音、漂亮的音色、富于艺术感染力的演唱等，都尊要通过歌唱者正确的思想指导才能实现。

声乐教学，不仅是对学生音乐能力的训练，而且是对其大脑全部思维的训练。教学过程是师生组成的双边活动过程，也是学生的思维、潜能和个性得到开发和发展的过程。在歌唱活动中，主要的思维方式包括形象思维（声音形象、人物形象等）、创作思维和情感思维。形象思维，是通过人的内部语言结合声音来恢复和发展形象的活动；创作思维，是歌唱者通过作品所提供的感情因素以及自己生活经验中类似的情感体验，进行的再创作过程；情感思维，即歌唱者通过体验到或想像出的愉快、爽朗等各种感情，以及这些感情的相互转换，用自己的声音表现出来引起观众的共鸣。在歌唱训练中，教师和学生经常会说好好"想想""考虑考虑""琢磨琢磨"等，这些就是歌唱发声思维活动的形式，无论演唱或发声都离不开分析与综合、比较、抽象与概括，到最后的系统化和具体化这一基本的思维过程。因此，教师在课堂教学和实践活动中要注意启发学生积极地思维，学生的思维活动越积极，对事物的观察就越深入，这样就越能够积极促进声乐各种技能的掌握，学生只有积极思维、深入理解，才能提高学习效果和演唱能力。

（五）激发歌唱的情感

　　情感是人对客观事物的态度体验以及相应的行为反应，是人脑对客观事物的特殊反映形式。大家知道，语言是交流情感的工具，而歌唱就是带有旋律的语言。车尔尼雪夫斯基指出："歌唱是情感的产物，而艺术是注重形式的，二者的对象完全不同。歌唱是简单的、本质上象是对话，它是实际生活的产物。"因此，从心理学角度来说，歌唱艺术也是一种情感艺术，它是通过情感的抒发来揭示事物的意义，并在情感交流中得到精神上的快乐。这种情感，是歌唱者在自己心里唤起曾经体验的情感，通过表情和动作、声音的力度和色彩、演唱的速度以及语言表达出来，同时使观众也体验到同样的情绪与情感。古人云："喜生于好，怒生于恶......好物乐也，恶物哀也。"说明情绪有积极和消极的两极性：积极而良好的情感不仅能激发感知的积极性、提高认识效率，还能增强想象和思维的能动性、创造性；而消极性情绪则会降低人的活动能力。从古到今，关于"情"在歌唱艺术中重要地位的论述各种层出不穷。著名歌唱家卡拉斯曾说过："首先，美声是表情，而单有一个美丽的声音是不够的，你必须将你的声音为音乐的需要服务，作曲家为你写下了音符，而歌唱家必须把音乐和表情放进这些音符中，我们一定要将作曲家原来希望的千种色彩和千种表情加上去。"余笃刚教授在书中写道："情感是歌唱的灵魂，只有当声音和情感同样完美时，歌唱才可能被称为艺术。如果失去了情感的动作性和表现力，也就等于失去了灵魂。"沈湘教授认为："歌唱者要善于感受、体验歌曲的情感，领悟其内涵，用歌唱技能、技巧把它表现出来，这是使歌唱富有艺术表现力的非常重要的方面。"

　　声乐学家们也历来认为：歌唱艺术是情与声两个方面的协调体现。但凡优秀歌唱家的演唱无不声中有情、情中有声，所谓"以情带声、声情并茂"才是声乐艺术的最高境界。一方面，歌唱技能是表现音乐的先决条件，没有掌握好必要的歌唱技能，再好的艺术构思也难以呈现；另一方面，技术也是为表现情感服务的，技术再熟练，缺乏感情或感情不到位，都会影响到歌唱的表达，更何谈艺术感染力。正如托斯卡德尼尼所说：任何一个学音乐的人，不管他在音乐上的演唱技巧如何高明，如果缺乏情感的表达，他不是艺术家，而是艺术匠，匠人满街都是，而艺术家却在百万人中难找一人。可见，歌唱离不开情感，情感是歌唱的灵魂。没有"情感"的依托，"声音"就不可能有生命，没有情感的歌唱就谈不上是艺术的歌唱。因此，那种把声音技能技巧训练作为唯一的教学目的，上课时把注意力都集中到解决声音技术上、把技术与情感分离开来的教学方法，会使教学出现不同程度的局限性。而将积极的情感作为动力，以审美为核心，培养和训练学生在"情"和"声"这两个方面建立起自然的联系，应该是声乐教育的主要目的之一。在教学活动中，把各种技能技巧的训练和表现音乐情感的训练结合起来，学习和掌握各种情感的运用：做到喜而不狂、怒而不暴、哀而不哭，使不同的情绪与情感各具艺术的美感。培养学生在演唱中养成有声必有情的意识，做情感的主人，这样才能实现声乐教学的情感教育、达到培养歌唱情感的目的。

在教学中，教师首先要根据声乐教育的目标和学生的心理特点，按照教学的审美规律创造教学环境；其次要把握学生的学习心态，充分、有效地运用情绪情感的动力、调节、信号等功能，激发学生积极的情绪，使他（她）们始终保持积极的情绪与感情，从而激起歌唱的发声器官、呼吸肌肉和身体动作产生内部与外部积极协调的运动，进而全身心地投入歌唱与发声训练，并产生积极的创造热情，逐步达到"以情带声，声情并茂"境界。比如：1.在进行枯燥的发声训练时，可以启发学生想象自己站在高山上、大海边或是一望无际的大草原上，怀着美好的情感，以身临其境的感觉去赞美、感叹，这样就容易发出通畅而富有生机的声音，把发声练习唱得有情有境。2.对于作品，无论是愉快、激动、愤怒、爱国、欣赏或爱慕之情，都是词、曲作者对不同生活体验和各种情绪、情感的表达与写照，其中的词和曲共同构建了作品特定的情境和情感。因此需要教师启发学生想象其自己所处的特定环境，通过自身的心理或情感体验以及形体、眼神、表情和动作，结合动情的歌声打动观众或听众，达到物我同化、情景交融的艺术效果。在演唱的艺术创造中，最为震撼人心的并不一定是声音，而是激发声音且蕴含于声音之中的情感。演唱要声情并茂，就应在声乐技术训练中正确认识"声"与"情"之间相辅相成的辩证关系：激越的感情需要美好的声音来表达，而真实的情感也可以成为创造美好的声音的技术手段之一。

（六）合理地利用注意力

现代心理学把注意定义为心理活动对一定事物的指向和集中。把人们对某个事物集中关注的能力称为注意力。其实注意本身并不是一个独立的心理过程，而是心理活动的一种组织特性，即感觉、知觉、思维、想象等心理过程的一种共同特性。它总是和心理过程紧密联系着的，比如"注意感觉""注意观察""注意听""注意想""注意记"等等。注意是人整个心理活动的引导和组织者，它使人能够及时、适当地集中自己的心理活动，清晰地反映客观事物，从而更好地适应并改造环境。俄罗斯教育家乌申斯基曾精辟地指出："‘注意'是我们心灵的唯一门户，意识中的一切，必然都要经过它才能进来。"足见只有先注意到一定的事物，才可能进一步去记忆、去思考、去想象等等，也就是说，注意是一切心理过程的开端，并自始至终伴随着心理过程的进行，一切心理活动的进行都离不开注意，注意力是人认识世界的窗口。歌唱发声也不例外，注意在歌唱发声中具有重要的作用，它是歌唱者掌握科学发声和正确演唱的必要条件、是获得音乐知识和提高歌唱水平的必要前提。高度集中的注意力更是声乐表演中所应有的心理状态。歌唱者在声乐学习的过程中，如果不高度集中注意力，心理活动就不能准确地"指挥"生理动作，就不能较好地呼吸、发声、咬字吐字、产生共鸣等，也就不可能获得理想的声音效果；在演唱作品时、如果不能高度地集中注意力、不能专心致志地投入到作品的意境之中，自己就很容易分散精力、"走神"，甚至产生紧张情绪，更达不到美好的发声及对歌曲情感的艺术处理。心理学的研究表明：学生注意力涣散是影响学习成绩的重要心理因素。在声乐教学中，教师应要求学生时刻集中注意力：注意看教师示范的动作，注意听教师发出声音的效果，注意听自己的发声和语言是否准确，注意共鸣、注意想象声音位置等等。

1.充分、合理地利用注意的功能，提高学生的心理活动水平

注意有多种功能，比如选择功能、保持功能、整合功能、调节和监督功能。也就是说，在歌唱活动中，注意能使歌唱者歌唱与发声的心理活动有明确的方向，并有目的、有计划、连续顺利地进行，注意能提高人的意识觉醒水平，将信息整合成一个整体，使心理活动根据当前的需要进行适当的分配和及时的转移，以适应变化着的周围环境。教师在教学中要充分利用注意的这些功能，使学生的心理活动处于积极状态。积极的心理活动能使学生对歌唱与发声的反应更清晰、更完整、更深刻，从而顺利地完成学习任务，取得较好的学习效果。为了让学生集中并保持注意力，教师一方面要根据课堂内容适时地给学生提出一个个有针对性的问题，比如："为什么气息不够用？""为什么越唱越感到胸憋得慌？"、，"为什么声音不通畅？""怎样才能把声音和气息较好地结合起来？"等等；另一方面还要引导学生开动脑筋自问，比如："为什么总是要想好了再唱？""为什么这样唱感觉轻松些？""怎样才能把好的感觉保持

住？""如何才能保持声音的位置来歌唱发声？"等等。这样使学生的注意力伴随着教学过程的每一步，久而久之，学生就能克服内外干扰，容易养成集中注意力学习、演唱的习惯。

2.合理运用注意类型中的有意注意和无意注意，提高教学效果

注意分无意注意、有意注意和有意后注意三种类型。无意注意是一种事先没有预定目的、不需要意志努力的注意。这种注意是人们自然而然地对那些感兴趣的事物所表现出来的心理活动的指向和集中，并不依靠意志努力来维持，也不易产生疲倦。而有意注意是一种有预定目的、需要一定意志努力的注意。它是一种积极主动地服从于当前目的任务的注意，充分体现了人的能动作用，是人们完成学习、工作或劳动的必要心理条件。这两种"注意"虽然有所区别，但在歌唱发声活动中，往往需要无意注意和有意注意同时参加，它们是不能截然分开的。如果单独运用有意注意，由于需要长时间的意志努力，容易引起疲劳，出现注意力分散；而仅仅运用无意注意，就会因为缺乏目的和意志努力，使得演唱或发声没有计划和步骤，也不可能持续太久，而且还会受到种种因素的干扰，这样会影响演唱、发声的顺利进行，也会影响教学的效果。因此，在声乐教学过程中，让学生把无意注意和有意注意结合起来，合理地运用于歌唱发声的过程，演唱才能顺利而持久地进行，这样才能提高学习和教学效果。

3.合理分配和转移注意力，顺利、高质量地完成学习任务

注意的分配是指人在同一时间内能把注意指向于不同的对象；注意的转移是指根据新任务的需要，人主动地把注意从一个对象转移到另一个对象或由一种活动转移到另一种活动。歌唱发声是多种活动的组合，需要同时注意姿势、呼吸、打开腔体、声音位置、语言、表情、情感等等，即"一心多用"。学生能较好地完成学习任务，是和他（她）们能根据学习任务的主次有计划地组织

注意的分配和转移，及时把注意稳定在新任务上有密切的关系。对于歌唱技能尚不成熟的学生来说，经常出现注意的单一性，就是只能顾及到歌唱发声的某一个方面，即顾此失彼的现象，比如：当教师提醒学生要在歌唱发声的过程中保持深呼吸、通道、位置等状态时，学生往往是顾了呼吸，忘了位置；顾了打开，忘了保持等等，不能做到全面而协调的运动。因此在教学中，教师要引导学生掌握注意的分配和转移，合理地分配和转移注意力。老师在教发声练习时，让学生主要在注意感受其声音效果正误的同时，还要分配一部分注意给音准、节奏、连贯、表情以及与老师的交流等方面；合伴奏的时候，注意力就要高度集中在作品的节奏、速度、前奏、间奏以及跟伴奏的配合方面；演唱时，注意力高度集中在"以情带声"表达作品上。当然，学习是一个循序渐进的过程，当学生对这些活动很生疏时，把注意同时指向各种活动存在一定的难度，这就需要经过长时间的磨练，使各种发声技巧有效地搭配平衡、协调起来，在头脑中形成一定的反应系统。这样，让学生在平时的训练中养成合理分配和转移注意力的习惯，才有可能顺利、高质量地完成学习任务。

（七）培养歌唱的意志

意志是人自觉地确立目的，并主动支配调节自己的行动，克服各种困难，实现预定目的的心理过程。它来自于人的坚定信念、自觉意识和自制能力。心理学家认为，意志与情绪有着密不可分的相互作用的关系，即意志的每一环节或步骤，都必然引发某种情绪，而已产生的情绪又会给意志活动以动力影响，积极的情绪能使人振奋精神，并将所从事的活动进行到底。意志品质在学习过程中起着决定性的作用，尤其在声乐艺术活动中，无论是歌唱发声训练、比赛或演出，都需要伴有意志品质来进行有目的、有计划的练习，从而达到歌唱技能技巧和表现作品的要求，如果没有顽强的意志，就很难实现预定的目标。比如，歌唱者想发出一种声音形象已经存在于大脑之中的声音时，就会运用意志力去协调身体的各部分组织，尽力发出想象中的声音；或者在演唱时努力排除来自外界的各种干扰，克服内心的紧张慌乱的情绪，而使自己集中注意力表现作品。这些都需要意志对歌唱者的外部动作和心理状态（注意、思维、情绪等）进行调节。可见，意志是歌唱者的心理动力，是意识的能动性、积极性的集中体现；意志力的控制是声乐学习中一个及其重要的环节，只要有歌唱或发声，就会有意志伴随，离开意志，声乐学习就无法顺利完成。因此，在声乐学习和演唱中需要有歌唱意志才能达到学习目的，从而走上成功之路。但人的意志品质不是与生俱来的，而是在学习或与各种困难作斗争的过程中逐渐培养起来的。意志品质表现在学习上就是坚定的信心、持之以恒的态度和不屈不挠的奋斗精神。所以，在教学活动中，教师除了在技艺上严格要求学生，还应有意识地培养学生歌唱的意志品质。在教学中启发学生进行意志锻炼，培养学生形成优秀的意志品质，大致需要从以下几方面着手：

1.抓住课堂内、外可能的机会，有意识地对学生进行意志品质教育

在课堂上或者课外的实践活动中，都可以适时地给学生讲解意志品质的重要性，提高学生的认识，并且在学生出现低落情绪的时候给予合理的引导，让学生对自己的学习下定决心、充满信心、持之以恒，在一次次的磨练中逐步成长。

2.因人而异，采取不同的锻炼措施

人与人之间都存在着个性性格差异，因而在培养学生意志品质的过程中，也应该根据实际情况采取不同的手段：对于性格内向、胆小、犹豫不决的学生，需要培养他们自信、大胆、勇敢和果断的意志品质；而对于缺乏毅力的学生，则应该锻炼他（她）们的坚韧品格。

3.引导学生加强自我锻炼

培养学生的意志品质不仅需要教师的严格要求和监督，更需要学生严格要求自己并养成自我监督的习惯。那么学生平时加强自我锻炼：首先，要提高自觉性，但凡做事情都要有目的、有计划，要善始善终，不要依赖于别人的影响；其次，要加强果断性，这种品质，能帮助歌唱者全面、深刻地考虑行动的目的和方法，清醒地了解可能的结果，能帮助歌唱者在课堂上、舞台上短时间内对声音、音乐的好坏做出判断，果断地采取行动；第三，培养坚韧性意识，就是要有坚韧的毅力、顽强的意志，克服可能碰到的困难，坚持把决定了的事情做好；第四，加强自我控制力，歌唱者有了一定的自制力，才能较好地控制自己的心理活动、情绪和言行，才能在演唱和比赛中充分发挥自己的水平。

（八）克服歌唱紧张的心理

歌唱者在歌唱发声时，需要不断地调整歌唱器官。在这个调整的过程中，心理活动必须处于一种积极、稳定、正常的状态，稍有紊乱，就会出现紧张甚至恐惧的心理而影响演唱效果。可以说，演唱时紧张与恐惧是很多人的通病，在课堂上、舞台上紧张心理状态的表现也多种多样，比如：说话、演唱很小心，生怕说错了或做错了；反应迟钝，对老师用于教学的语言和辅助动作不敏感，一时不能准确地理解；一下上舞台前心跳加快、冒大汗、甚至全身发抖；在台上记忆混乱甚至出现大脑空白；声音发抖、恐惧高音；走音或不着调，无法正常地表达作品等。引起这些紧张状态的因素有很多，归纳起来主要有三个方面：

第一，技能技巧方面，因为演唱者对歌唱的技能技巧掌握得不够熟练，准备不充分，担心表现不理想而引起心理紧张；第二，个性心理方面，每个人的性格特征不一样，内向的人容易胆怯而产生紧张心理；第三，环境方面，环境的变化也会引起演唱者的不适应。当然，如果学生能做到平时训练有素，演唱时的紧张情绪是可以克服的。因此，教师在教学中要善于利用多种手段来帮助学生克服歌唱紧张的心理，为学生顺利进行学习和演唱实践打下基础。在教学中帮助学生克服紧张心理的训练，主要从下面几点入手：

1.培养学习兴趣、调动学习的积极性

兴趣是人对客观事物选择性的态度，是人对待事物的积极的心理体验过程，它是人们进行各项活动的积极推动力、也是求知的基础。学习兴趣是学生对学习活动或学习对象的一种力求认识和趋近的倾向，它是内部动机在学习上的体现。在声乐学习中，学生只有对它怀有浓厚的兴趣时，才能在学习的整个过程中始终保持一种轻松、愉快和兴奋的情绪，才能形成一个好的歌唱心理状态。在平时的训练中，教师要根据学生不同的个性特征因材施教，从学生的兴趣着手启发学生，激发学习热情，提高学习的积极性，使他（她）们无论是在课堂里，还是在舞台上，都有一种积极、兴奋的心理状态和强烈的歌唱欲望与激情，这样有利于克服紧张与恐惧心理。

2.培养学生歌唱的自信心

俗话说：自信是成功的一半。周小燕教授曾说："演唱者的自信心要比优越的专业条件更重要"。可见自信是放松的基础，演唱时信心越足，心理就越放松，缺乏信心或信心不足都会导致心理紧张甚至演唱失败。所以，对歌唱者来说，建立健康的自信是克服紧张心理情绪的先决条件。在教学过程中，教师要善于发现学生的优点，采用多肯定、少否定的方法来培养学生的自信心，即便是纠正学生的错误，也不要操之过急，更不能提出学生力不能及的过高的要求，以免学生产生自卑心理。此外，在选择演唱曲目时，要采取循序渐进的原则，注意选择由易到难、由低级到高级程度的作品，这样有利于学生逐步增强自信心、建立良好的歌唱心理状态。歌唱者只有内心充满了勇气和信心，保持乐观的态度和积极的情绪，才有利于自身肌体内外的平衡，从而缓解演唱时的紧张情绪。

3.加强歌唱技能技巧的训练

俗话说："艺高人胆大、胆大艺更高。"成功的表演很大程度上来源于平时扎实的技能技巧训练，学生只有经过严格而系统的专业技术训练，熟练地掌握歌唱的各种技艺而且有一定的实力，才能减少演唱时紧张情绪和恐惧心理的产生、才能满怀信心地进行演唱。实践证明：充分的准备和熟练的歌唱技巧能增强歌唱者心理状态的稳定性，良好的心理状态是歌唱者在演唱时正常发挥歌唱技术水平的动力。因此，在教学活动中加强歌唱各种技能技巧的训练对帮助学生克服歌唱紧张的心理有着非常积极的意义。

4.培养学生的意志力和注意力

歌唱离不开注意心理和意志品质。因此，平时一方面要培养学生有决心、有信心、有恒心的意志品质，使学生成为一个充满自信、性格开朗、勇敢、泼辣、意志坚强的人；另一方面，要培养学生充分理解所要演唱作品内涵的习惯，而且在表演时排除各种干扰，把所有的注意力都集中在表达作品上面，尽量做到"忘我"地演唱，这样能有效地缓解演唱时的紧张心理情绪。

5.放松的训练

这里的放松不是指松懈，而是相对紧张而言的。在演唱前进行放松的训练，无论对容易产生心理紧张的歌唱者还是声乐教师或歌唱演员都很有必要。一教师可以让学生采取自我鼓励、自我暗示和忽视等方法来缓解紧张情绪。自我鼓励法就是歌唱者在演唱之前，要在内心多鼓励自己、对自己充满信心，信心越大，心理就越放松，因而越能发挥出应有的演唱水平。自我暗示法，就是暗示自己要放松、别紧张，这样能激发内在的心理潜力、调动心理活动的积极性，有助于注意力集中。忽视的方法就是在演唱前暂时忽略一切可能干扰自己演唱的因素，以便能专心投入到作品的表达之中。实践证明，通过忽略外界所带来的干扰、在内心鼓励自己以及不断暗示自己放松，都能有效地增强信心、克服紧张心理。

6.鼓励学生参加艺术实践活动

声乐学习的最终目的是能够较好地演唱、表演。要让学生做到无论在课堂上或舞台上都能精彩地演唱，实践锻炼是必不可少的。因此，教师在教学活动中，要根据学生的歌唱能力和嗓音特点选择合适的演唱作品，鼓励学生在不同的场合，为不同的观众演唱，多参加一些艺术实践活动，加强学生演出实践的训练。而在学生的艺术实践活动中，教师要及时帮助学生正确地认识和分析成与败的原因，针对不同的学生找出各自的问题。让学生不仅能真切地感受到获得知识的满足，也会进一步体会到声乐知识和技能的实践意义，意识到学习是永无止境的，更加激发学习的热情。

通过实践锻炼，能让学生增强勇气和信心，同时不断地丰富、积累、总结经验，适应各种不同条件的环境，以使学生的表演日趋成熟。实践证明，歌唱者只有掌握了较为精湛的歌唱技艺、充分做好演唱前的准备，才会充满信心，有了信心才能心神镇定，这样才能声情并茂地表现作品，取得理想的演唱效果。

声乐是一门融知识性、技术性、艺术性和实践性为一体的学科，歌唱是科学，也是艺术。肌肉和生理的训练是歌唱的技术准备，注意、想象、思维、记忆、意志、情绪、情感等心理的训练是歌唱的艺术准备。歌唱心理始终影响和支配着技术的掌握及艺术情感的产生和发展，歌唱心理的培养在声乐教学中有着举足轻重的作用。歌唱心理教学深化和发展了传统的生理教学，它从歌唱和发声根本的规律出发，为学生提供了更为科学的学习声乐的方法，当然，在强调对学生进行歌唱心理培养的同时也不能否定声乐技术训练的重要性，在声乐学习和教学活动中，不能只考虑生理机能或心理活动中的某一个方面，而应正确处理好二者的相互关系、掌握好心理调控和生理机能运动的有效手段，并善于发挥心理调控对生理机能的指导作用，积极探索科学的教学方法，从多种渠道去优化声乐教学效果，从而提高声乐教学水平。

第四章 学前声乐教学的模式创新

第一节 学前声乐教学手段的创新

一、确立学生主体地位

学前教育专业的声乐教学，需要把握好学前教育专业与声乐教学两方面的关系。学前教育专业决定了声乐教学的性质是带有学前教育特点的声乐教学，它已经具有交叉学科性质。学前教育专业的声乐课是专门培养幼儿音乐教育教学工作者的专业技能课。它的这一课程的性质，决定了学前教育专业声乐教学的培养目标是使我们所培养的学生在幼儿音乐教育方面有较高的符合幼儿教育新需要的音乐素养、歌唱能力、表演能力及组织教学能力。

为实现学前教育声乐教学的培养目标，必须对传统的基本上局限于课堂上的师教生听的教学方法进行改革。教学方法要明确学生的主体地位和教师的主导地位。所谓学生的主体地位，学生树立主动服务的意识，自觉地视自己所有学习内容都是为了把自己塑造成高素质的幼儿教师。所谓的教师主导地位，就是为了培养高素质的音乐幼儿教师，学前教育专业的声乐教师应针对过去教学中存在的问题改进教学方法，创造出和谐宽松的课堂氛围，主动提出问题让学生思考。

为了调动学生的积极性并发挥其潜能，教师在讲授声乐技巧时，可以采用学生小组讨论的形式进行大胆的讨论。学生之间讨论问题可以降低学生发言时的紧张情绪，同时对其他同学发言的关注度往往会超过对老师上课的关注度。在老师对学生们的小组进行点评后，学生们对所学知识的掌握会更加灵活深刻。

声乐教学课堂中采用学生分组讨论方法，让生生互动给同学们尽可能多的展现他们才能的机会。让学生们分组讨论，可以激励学生独立思考，大胆阐明自己的观点，促进学生之间互相学习，使枯燥难懂的声乐理论变得生动有趣。让学生们由原来几乎完全被动地听老师填鸭式的讲授转变为形式多样的主动地学，会使他们理解起来更加容易，教学效果更好。

二、加强实地考察

声乐教师必须经常到幼儿园实地考察，了解社会需求。只有清楚地了解社会需求，才能根据社会需求，不断改进教学方法，提高教学质量，培养出适合现代幼儿园发展变化需要的幼儿园教师。作为学生，他们非常关心自己在学校所学的歌唱与表演方面的技能技巧是否真能适应未来工作需要。教师带学生到幼儿园实习后，学生才能亲身感受到在学校应当学到什么和怎样学。通过带学生到幼儿园实习，学生们才可以直接观察到幼儿在演唱幼儿歌曲时的表现。由于幼儿教师未来的教学对象是有着爱玩好动天性的孩子们，他们往往一听到有节奏的音乐唱段，就情不自禁的手舞足蹈起来，有的甚至会跟着节奏哼唱起来，用他们自己的肢体和声音表达其内心的欢乐。学生们通过到幼儿园实习，就会感受到，若想做一个合格的幼儿教师就必须既要预知幼儿的爱玩好动和乐于模仿外在事物的天性，更要具备引导幼儿身心健康发展和提高幼儿在音乐领域方面素养的能力，并以提高幼儿在音乐领域方面的素质，为开启幼儿智慧、激发幼儿丰富的想象力，作出应有贡献。同时，学生通过自己到幼儿园实习，也将增强其对未来所从事的幼儿工作的亲近感和自豪感。

三、培养学生审美能力

声乐学科本身属于美育范畴，学前教育专业声乐教育最大的特点就是通过歌唱与表演提高学生的综合能力。歌唱行发人类情感最直接、最明显，同时在演唱过程中教师要讲解歌曲背景，使学生根据作品的背景，塑造人物形象，通过声乐课学习培养学生理解音乐的内在美、艺术美的过程，从而提高学生演唱歌曲技能技巧，体现声音的音色美、把握节奏的韵律美，并且在学生歌唱表演此作品时能够进一步体现对作品的创造美的过程。为收到良好的教学效果，教师一方面要求学生先树立良好的幼儿教师的价值观和一切为了孩子的职业观；另一方面要根据学前教育专业的职业特点，选取大量的优秀幼儿歌曲，培养学生演唱幼儿歌曲的歌唱能力和对幼儿歌曲的表演能力。要让学生在学习和演唱幼儿歌曲的过程中，体验和学习审视表演幼儿歌曲时在动作上的逼真柔美，在曲调上动听悦耳的音色美，并因此而增强她们对自己未来所从事的工作的亲近感和自豪感。

同时，教师应培养学生导演、设计、组织、表演、创作、朗诵、讲故事等等综合能力。在组织学生表演幼儿歌曲的课程中，要求她们从幼儿对一些小动物的好奇、喜欢和亲近的表现中，体会幼儿独有的心理特点，使自己在表演中展现出童真和童趣。例如在表演《走路》这个幼儿歌曲时，就要求各自扮演小兔、小鸭、小乌龟、小花猫四种小动物的学生，必须抓准自己所扮演的小动物走路时的不同特点，逼真地把不同小动物的走路时的突出特点表现出来。当然，即使是同一首歌曲，或表演同一个角色，不同的扮演者也会有不同的理解和表演设计。这种不同，倒是为同学们各展才能和暗中竞争提供了条件，其本身也能展现出歌曲表演上多姿多彩之美，对扩展学生们的审美视野也极有帮助。

四、引优秀案例进课堂

在教学中，选用幼儿园优秀案例，对激发学生们的学习主动性和确立职业素养非常有益。例如，我曾把幼儿园教学案例《脚印》运用于实际教学中。案例是这样的：一天幼儿园教师带孩子到户外活动，当准备回教室的时候，幼儿园教师发现地面上有一桂水，幼儿教师想如何躲过这一桂水，她就说，"哪个小朋友顺利地迈过水洼而不湿鞋，我就有奖励给她。"但是，结果小朋友们根本没有理睬老师的话，他们都兴奋不已的玩起了水，把鞋弄湿，还有的小朋友干脆把鞋脱了，光着脚，在地上印脚印。我问学生们，"你们猜猜这位幼儿园教师是如何处理的呢！如果你们是这位幼儿老师该如何教育或管理孩子呢！我的问题一提出，学生们争先恐后地谈论起来。有的学生说，"孩子们，看谁不湿鞋，听老师的话，到班里有糖吃，不听话的要受到惩罚。"有的学生说，"我们做过桥游戏，可以不湿鞋子。"还有的说，''湿了鞋子的小朋友，晚上爸爸和妈妈来接时，不让接走。"对同学们的各种不同说法，我一一做了点评。有的看法，我还让学生们共同讨论。在点评中我强调，好玩和有好奇心是学前儿童的突出天性我们不能很随便地强制他们要按自己的想法去做。尤其是如今的学前儿童多数是独生子女，他们大都以自我为中心，更难于强制他们按自己的想法去做，在管理幼儿的时候，不要以简单粗暴的方式对待统治幼儿的行为，采用合情合理的方法对幼儿进行适当的教育。《孩子的爱心》天大幼儿园某小班学了一首歌曲《泥娃娃》老师讲了小朋友们要有爱心，要懂得爱护泥娃娃。在小朋友午睡后老师告诉小朋友明天是六一学前儿童过节了，老师们奖励每一个小朋友一个玩具，下午放学可以把自己床上的娃娃抱回家，结果有一位小女孩，听完老师的话，她就一直关注她床上的娃娃，一会儿给她换衣服一会儿又抱抱小娃娃，老师讲什么她都听不见，忽然老师拍了她的头厉声的说把娃娃放回去，她看了看老师，表现的非常无辜，但她永远的记住了老师打她的头了。老师的前后不一致的行为，使孩子不能理解，孩子认为我正在表现我的爱心，老师怎么可以打我的头呢！采用合理的方法引导幼儿是幼儿教师的教育的综合能力的体现。

把优秀幼儿园教学案例引入教学当中，学生们的上课热情特别高，讨论很热烈、学生可以大胆地提出自己的想法。虽然学生们的有些想法并不正确，但在老师的正面引导下，他们是能够得出正确认识的。通过幼儿园现实案例，加深了学前教育专业学生对幼儿教师身份的思考，从而帮助他们确立职业理想，懂得尊重幼儿人格，自觉提高自身素质，注意为人师表，做幼儿健康成长的引路人。

五、做到多媒体手段的"用活、用足"

近十年来，多媒体教学手段被越来越多地应用于教学中。利用多媒体教学手段，可以使我们的声乐教学形式更加丰富，教学内容更加直观。在学前教育的声乐教学中，教师应当运用多媒体手段播放一些音像资料，这有利于增加学生听觉感受，有利于培养学生感受音乐的速度、力度、旋律及和声效果的能力。但是，现在的问题是，如何把多媒体教学手段"用活、用足"。

为了把多媒体教学手段用活，使之发挥更大效用，可在运用多媒体教学手段教授一首歌曲时，首先让学生了解该歌曲产生的背景、歌曲的风格、歌曲中所涉及的角色的形神特征等。只有让学生对作品有一个系统的了解，才能使之体味到音像资料中所涉及作品的旋律之美、音色之美、音与像统一之美，从而有利于增强学生们的审美能力。

为了发挥多媒体教学手段的最大效用,不仅应使学生成为多媒体的受益者,还应当使学生自己成为多媒体音像制作的参与者和制作者,让她们面对音像录制设备高声演唱、学着配音和讲故事、以及实际练习播放幼儿动画片和音乐剪辑等等。总起来说,就是要把多媒体教学手段尽可能"用足"。我们应该利用多媒体教学手段在内的各种有利于培养幼儿教师的教学手段,突出声乐课美育教育的本质特点。让学生了解美、学会辨别美的声音、体验美的心理、并结合幼教学生的职业特点,引导学生在未来自己的幼儿教学中也感受到美,向自己未来的教学对象传递美的教育。

六、集体课与个别辅导的有机结合

当今,我国绝大多数学前教育专业声乐教学均采用大集体课教学形式。大集体课教学有一定的优势,可以避免教师重复多次的教学内容,节省了教学时间,减轻了教师负担,节省了教学资源。但是大集体课教学也存在一些弊端,如忽视了个性声音出现的问题。声乐演唱个性差异很大,在集体课教学中,很难就个别学生出现的问题进行讲解。在此种教学形式下,学生集体演唱时敢唱,而在个人演唱时,就暴露出很多问题。如果把 20 人大集体课改为较小的 10 人组集体课,则可以在教学中采用较小的集体课和对个别学生的辅导交互进行,而对个别演唱能力较差的学生的指导,则也可以起到对其他同组学生的启迪作用。

为提升学生个人演唱水平,可以把较小集体课中学会的歌曲让数个学生采用接龙游戏的方法演唱,即在完成较小集体课教学任务后,挤出一定的时间,锻炼学生个人演唱的能力。在接龙演唱中,对个别学生出现的跑调问题,教师要及时指导解决。同时,在学生积极参与接龙游戏演唱过程中,将可以大大降低学生紧张情绪。从已有的教学实践证明，采用较少人数的集体课与对个别学生加强辅导交互进行，既保持了集体课教学的一定优势，又满足了对演唱能力较差的学生进行指导的需要，体现了对每一位同学在业务上完全负责的精神。在教学中，通过让数个学生接龙演唱的方式发现并帮助解决单个学生演唱中存在的问题，把一定程度的集体表演和个人表现结合起来，使声乐教学形式更具多样性和灵活性。对激发学生学习声乐的兴趣和调动学生学习声乐的积极性有明显作用，有益于提高学前教育专业声乐教学的质量。

第二节 学前声乐教学教材的改革创新

一、理论部分创新

学前教育专业声乐教材的理论部分，包括学前教育专业基础理论和声乐基础理论知识两部分。学前教育专业声乐教材第一册理论部分的内容包括学前教育 0—3 岁幼儿发展特点的理论和声乐基础理论知识目标为使学生对学前教育专业的职业特点具备初步的认识，并能初步掌握歌唱的基本理论和技巧。第二册教材理论部分的内容包括幼儿歌曲表演理论和歌唱共鸣腔体转换技能技巧理论目标为使学生建立基本的学前教育价值观，懂得如何从音乐的审美角度体验音乐美和培养幼儿感受美的能力，能完成演唱难度相对较高的一些声乐作品。第三册教材理论部分的内容包括幼儿嗓音保护基本理论和歌唱控制气息的技能技巧理论目标为使学生具备较强的能独立完成歌曲演唱表演的综合能力，达到社会对幼儿教师素质标准的要求。

二、实践部分创新

学前教育声乐教材的实践部分包括通过选择大量的幼儿歌曲和优秀艺术歌曲、民族歌曲、经典通俗作品讲解和演唱，让学生了解不同歌曲所反映的时代特色、人物心声，使学生具备基本正确的演唱能力，尤其要使学生具备演唱幼儿歌曲的专长。

优秀的经典歌曲可以选择例如《国家》抒发现代大学生爱国情怀、奥运主题曲《我和你》《天空》《天路》《美丽心情》等优秀经典曲目，既符合当代发展的时代脉搏，也能激发学生们学习的积极性。对于提高学生的歌唱与表演的综合能力起到很好的推动作用。

幼儿歌曲演唱中培养学生的各方面的能力。例如《虫儿飞》培养学生在休闲浪漫的夜晚，欣赏虫儿飞的过程中，体现自己内心的对美好生活的追求与希望。培养学生体会虫儿飞的轻盈，有意识的控制声音的音量，培养学生体会虫儿飞时成群结队的感觉，加大音乐演唱的力度，形成作品的高潮，同时培养学生理解小朋友观赏虫儿的童趣心理，会不由自主的自由飞翔，培养学生懂得边歌边舞而且使其具有设计音乐场景的能力，并且符合孩子的心理需求。例如《阿童木》优秀的日本动画片的歌曲，这首歌曲节奏感较强、速度较快直接体现主人公阿童木的神力。让学生演唱这样的幼儿歌曲，培养学生的鲜明的幼儿歌曲的节奏特点，并且在演唱过程中训练学生的运用肢体动作直接表现幼儿心目中充满活力并富有神力的阿童木形象。培养学生表演逼真的幼儿动画片中主人公的形象，培养学生的表演才能。

再例如《萤火虫》《泥娃娃》《数鸭子》《金孔雀轻轻跳》等等优秀的幼儿歌曲，培养学生不仅会唱，还要唱的绘声绘色。《数鸭子》的道白音调高才能体现小孩子的心理特点，音调低了体现成人的感受，所以说道白都要注意是否符合幼儿心理需求。《泥娃娃》声音唱得太连贯就没有泥娃娃的木偶形象了，所以声音音色对于塑造人物形象也是起到很关键的作用。所以，培养学生演唱幼儿歌曲不是会唱就可以的，而是研究。研究声音的音色是否符合幼儿心理是否符合所要表现的人物形象；研究幼儿歌曲的表演形象是否符合幼儿心理需求，给孩子带来愉悦，是否具有童趣感；研究幼儿歌曲演唱或演奏中是否做到保护孩子的幻想能力。以上这些都是我们演唱幼儿歌曲，培养学生演唱幼儿歌曲的专长。

第一册实践部分内容包括使学生了解乐理知识和具有一定的识谱能力。让新进校的学生早日脱离白音状态，走出歌唱的误区，掌握正确的歌唱技能技巧。经过约一年的学习后，使学生初步具备演唱的基本技能。第二册实践部分内容包括在继续加强学生基本音乐理论知识的同时，培养学生敢于独立演唱的勇气，建立学生对歌唱腔体共鸣技巧的正确认识，使之具备能基本驾驭有一定难度歌曲的能力。尤其注意加强学生对幼儿歌曲演唱特点的正确认识，培养学生能在演唱幼儿歌曲时展现出幼儿心理特点及表演幼儿歌曲的才能。第三册实践部分内容包括选择一定数量的歌曲、特别是幼儿歌曲，让学生进行大量的歌唱练习，并尽可能提供包括学校和社会歌唱竞赛在内的各种机会，让学生在社会实践中经受锻炼和提高她们演唱的综合能力。对高年级的幼教学生来说，不仅要求她们会演唱大量的幼儿歌曲，还要要求他们能根据数首幼儿歌曲的情节，创编音乐故事剧，使学生具备驾驭根据多个场景而创编的音乐故事的舞台编排、设计和导演的综合能力。学生还要根据所学幼儿歌曲曲调，能加入边弹边唱的新内容；锻炼学生独立写教案和独立完成课堂讲授的能力。

三、音乐欣赏部分创新

音乐欣赏部分采用配套的音乐欣赏内容，使学生对所学习的各种歌曲有一个深刻的认识。学生通过对歌曲的背景介绍、歌曲的地域风格特点了解以及听优秀歌唱家歌唱录音的完美演唱等等，具体、形象、真切地感受到作品所带给人们的美的享受，并以此激发学生学习声乐的积极性。例如谭晶演唱的《天空》，声音技巧变化非常明显。作为北京奥运的主题歌，它所强调的"呼唤世界和平"，正是当代世界主题之一，是中国人民和世界其他国家人民的共同愿望。

谭晶在演唱技法上采用民族与通俗相融合的方法演唱，使曲调既柔美婉转，又简洁流畅。演唱进入高潮后，演唱者采用多次重复并且加上 e—f 的转调，使音乐和声丰富。随着歌唱人群加大，似乎从一人呼吁世界和平转为世界各个地方的人们因这同一个梦想而走到一起，音量逐渐加大。在演唱中，同一句歌词由众多演唱者分别用中文和英文齐唱，更让人感受到"呼吁世界和平"是全世界人民的共同愿望。学生们在欣赏了这首歌曲后，都说此歌"简直太震撼了"。

四、教学案例部分创新

简单概括地讲，幼儿园优秀教学案例是幼儿园优秀教师的教育行为和教育思想的集中体现，是实践和理论相互融合的产物。幼儿园的优秀教学案例它既有理论的高度，又有实践的深度。组织学前教育专业的学生到幼儿园参观优秀教育教学案例，或者把幼儿园的优秀教学案例拿到学前教育专业声乐教学课堂上让师生共同探讨，既切合学前教育专业学生的学习生活实际，也贴近幼儿教师未来工作的实际。例如《脚印》，课堂氛围直接告诉我们，我们的学生需要讲一些关于幼儿园的优秀案例，学生反映及其强烈。

运用好幼儿园优秀声乐教学案例，将对丰富声乐教师的教学内容和手段有很大帮助。可在声乐教材的第一册、第二册、第三册分别增加相应的幼儿园优秀案例，使每册书大概一个单元设立一个案例，一册书安排 4—6 个教学案例就可以了，是在声乐教学过程中穿插一些案例，丰富了课堂内容，拉近了学生对未来职业的具体认识，对学生则会觉得自己所学的歌唱理论和技能联系实际，感受深，有话可说，有感触可写，促使他们不得不认真地对自己未来所从事的幼儿教育工作的思考，包括对自己未来教师身份的思考、对幼儿天性和心理特点的思考、对如何做好幼儿园各种教学工作的思考。很显然，在学前教育专业声乐教材的编写上，每一册都为幼儿园优秀教学案例留有空间和时间，对提高学前教育专业声乐教学水平是非常有益的。

第三节 三大声乐教学法在学前声乐教学中的创新运用

二十世纪以来，由于教育心理学和相关学科的快速发展，在国际音乐教育领域出现了许多新的理念及方法，其中的达尔克罗兹音乐教学法、柯达伊音乐教育体系、奥尔夫音乐教学法，在全球的范围内都具有很深远的影响，被称为现今的"世界三大优秀儿童音乐教育体系"。随着如今的新课程改革，这些新的理念及方法，在我国快速传播，从学校里音乐教育的不断改革，到逐步推广校外的音乐教育，这些新的方法理念的影响也是有目共睹的。这些较为先进的、生动活泼的音乐教学法，吸引了很多音乐教师的注意，也正在被大家逐渐的推广使用，特别是在幼儿早期的音乐教育的领域。这定会对我国的早期音乐教育事业产生巨大的影响。

同时我们也应该认识到，在这三大音乐教学法学习研究与借鉴的道路上，我们仍然是处于初步探索阶段，对这三大教育体系的认识和理解还不够深入、清晰，特别是如何使这些音乐教学法"本土化"，创建一套适合于我国国情与音乐文化传统、适合我们国家儿童的音乐教育体系。因此我们还需不懈的努力。

一、达尔克罗兹声乐教学法

（一）达尔克罗兹简介

爱弥儿·雅克·达尔克罗兹是瑞典的一位非常著名的音乐教育家，一生致力于音乐教育事业，他建立了一套非常完善的音乐教育体系，在世界上具有广泛的影响。1906 年，达尔克罗兹出版了《达尔克罗兹体态律动教学法》。这本书的问世，在当时的影响甚为重大。

达尔克罗兹教学法已被广泛支持的同时，也遭到了激烈的反对。有些人难以接受他对传统教育产生的巨大影响。达尔克罗兹因此也不得不进行了艰苦的斗争，并最终取得了胜利。

1919 年时，达尔克罗兹发表了《节奏、音乐和教育》，1930 年时他又发表了《体态律动、艺术和教育》等著作。在 1950 年 7 月 1 日，距离达尔克罗兹 85 岁生日还有五天的时候，逝世于日内瓦。他去世以后，日内瓦的人们都非常伤心，后来日内瓦政府授予了他"荣誉市民"称号，1958 年还有一条繁华的大街被命名为"达尔克罗兹大街"。达尔克罗兹去世后，他的教育体系得到了进一步的发展。在伦敦、纽约、莫斯科等地也纷纷开始进行实践，发展达尔克罗兹的教学方法。他的音乐教育体系为后世音乐教育的改革树立起一个标杆，也对奥尔夫音乐教学法和柯达伊音乐教学法的形成奠定了基础，具有创新和指导性意义。

（二）达尔克罗兹的音乐理念

达尔克罗兹认为，音乐的本质是人的情感表现。人类通过身体把内心的情绪变成音乐表达出来，这就是音乐的起源。他认为音乐教育不可以只是单一的技术方面的训练，更不可以脱离音响，只是枯燥的理论知识的传授。它最基本的就应是声音与情感上的体验。这种体验就必须是身体运动与音乐相结合的节奏运动。因为："音乐中最基本的要素就是与我们生命关系最密切的节奏运动。节奏是完全依赖于运动的。它最原始的形态就存在于我们的肌肉系统当中。所有时间上的微差：行板、快板、渐慢与渐快；所有能量上的微差：强、弱、渐弱与渐强，都可以通过身体的动作来表现。敏锐的音乐感是依赖于敏锐的身体感受的"。

达尔克罗兹认为，音响及情感反应都可以通过身体的运动表现出来。通过音乐与肢体相结合的节奏运动，能够使孩子得到体验与表现音乐情感的能力。体验情感、体验音乐是达尔克罗兹音乐教育改革的出发点和方向。他在 1914年发表的《节奏运动、听觉训练和即兴》中曾写道："体态律动的目标是：在课程结束后，不是可以使孩子说出'我知道了'，而是'我体验到了'。以此来引起孩子的表现欲望，激活他们的情感世界，扩大他们的本能力量，并能迁移到生活中去。"

达尔克罗兹的教学实验，一开始是以大学音乐学院中的学生为实验对象，但是在他研究的过程中发现，儿童的本能与天性更适合身体运动与音乐结合的训练。于是他将这种以音乐与身体运动结合的教学研究迅速推广到普通的音乐教育中，特别是儿童的音乐教育领域。他认为，没有人天生就不具有节奏本能，只是需要我们诱导与培养。单调的听觉训练并不能使孩子们热爱音乐，我们只有从孩子自身所具有的节奏本能入手，将身体的运动与听音乐融入进去，才可以唤醒孩子们天生具有的音乐本能。达尔克罗兹特别的强调，音乐课最重要的作用就是唤醒孩子们的音乐意识。他同时也要求体态律动的教师竭尽所能的去发现和挖掘孩子自身的身体活动以及孩子身边的自然节奏。特别是在进行游戏活动时，应把这些自然的节奏引用到教学的过程当中，活动时应是以孩子自身的体验、感受为主，而不可以把教师自己的经验强加到孩子身上。音乐教育家贝丽尔·佐伊特在为《达尔克罗兹体态律动学入门》一书所写的序言当中也评价到："实践证明，如果除了运用耳朵外，还鼓励孩子们运用身体的其它部分，他们对音乐的反应就会变得充满无边无际的生命力，进步也会变得惊人的快。他们因此会成为教师快乐的合作者，而不是令人厌烦的教师的受害者。"

（三）达尔克罗兹教育体系的内容与在学前儿童声乐教学中的运用

达尔克罗兹的音乐教育体系是由体态律动、视唱练耳和即兴的音乐活动三部分内容组成。其中体态律动是达尔克罗兹教育体系的核心内容。

虽然体态律动因为它的科学性以及独创性，而早已被人们公认为是卓有成效的音乐教育方法，并被人们视为一个独立的教育体系。但达尔克罗兹本人更愿意将他教育体系中的三个部分作为一个整体来看待。他曾在《节奏运动、视唱练耳与即兴》中写道，节奏运动、视唱练耳和即兴的表演或演奏是"音乐教育的三项重要分支，这些练习的核心与本质是节奏运动，与节奏运动密切相关的则是听觉能力和自发性创造能力（视唱练耳与即兴创造）。"

1.体态律动

主要形式为：在指定的音乐环境里，让孩子集中思想，根据老师的要求，以自己的身体为道具做出和音乐相符的动作。体态律动能够有效地训练孩子对音乐的感知、听觉、以及对音乐的判断能力和记忆能力，并且能够激发孩子对音乐的想象力。体态律动中游戏性的实践活动，应采用孩子们在自己运动中产生的素材来建立一些非常简单的音乐形式，这对于儿童各阶段的学习都很重要。例如学习歌曲：《小猫和狮子》，通过让孩子表现小猫和狮子的歌唱与动作，来比较和感知四分音符"C"与二分音符"B"的时值，来认识节奏符号。在这首歌曲当中，小猫的旋律主要是由 四分音符组成，而狮子的旋律则主要是由二分音符组成。在教孩子学唱这首歌曲时，老师可以安排由女孩子学小猫，男孩子学狮子。要一边唱歌一边做即兴的、自由的模仿动作。让女孩子学小猫走路时要做出可爱调皮的样子，而男孩子学狮子走路时要做出来威风凛凛的样子。可以让小猫和小狮子先分组进行动作表演，然后让孩子列队站成一排，准备跟着音乐往前行进。在孩子将要行进的方向，教师可以挂出来小猫和狮子的图片。老师开始弹奏这首歌曲，扮演小猫和小狮子的孩子在听到各自的旋律时，就向着图片的方向往前行进、并做出相应的模仿动作。等孩子们来到图片的面前时，教师翻转图片到图片的背面，这样可以使孩子通过动作与音符的节奏、时值之间建立联系。教师在弹奏狮子的音乐时也要注意速度不要发生变化，不过强弱一定要有很明显的对比，不要使用踏板。

2.视唱练耳

"内心听觉"是表现和体验音乐最重要的音乐能力之一，是达尔克罗兹的音乐教育体系视唱练耳中最重要的部分，也是达尔克罗兹音乐教育体系中的一项重要任务。他教学的目的就是能够使孩子把声音和运动的感觉"内化"。这一教学的过程中最为重要的就是孩子的记忆能力以及注意力的集中。内心听觉的主要表现形式是在教学的过程中，教师要求学生对某些音乐要素在心里进行默唱，以此来培养学生内心的听觉能力和对音乐要素的控制力。例如，孩子按照老师所给的速度自己拍手，听到老师的数字口令，如"3"，立刻停止拍手，与此同时按照老师所给的数字大声读拍："Da Da Da"。需要注意保持原拍速度的均匀及稳定。

音高及曲调和动作与方向的感觉有着很密切的内在关联。我们通常对于上行的曲调都会有对应的伸展身体的表现，而曲调在下行时，肌肉也会随之松弛。在学习拍子与重音时，就可以让孩子用身体上的动作来辅助声音，这样更容易让孩子学会区别没有重音的拍和有重音的拍。也就是在孩子发声练习时，用不同的身体动作来表达重音与非重音。比如：重音的时候双臂张开，非重音时双臂向里靠近等。学习休止拍时，也可以通过拍手、走步及歌唱来让学生体验休止拍的节奏。

3.即兴创作

即兴创作是根据音乐材料迅速的做出判断的具有创造性的音乐活动。在即兴的创作、表演或演奏时，不仅仅需要表演者具有一定的音乐素养，还必须要有清晰的音乐思维。达尔克罗兹一直在提倡让孩子具有即兴创作的能力，这样当孩子在演奏别人创作的乐曲时，有助于孩子发现并感悟到乐曲当中更深层面的意义，因此，即兴的创作也是达尔克罗兹音乐教育体系当中非常重要的内容。

由于即兴创作能力是以身体的节奏感和音响的听觉为基础的，所以即兴创作的学习应当以体态律动为前提，它是节奏运动和听觉训练的延续、发展及补充。即兴创作的教学实践表现手法和形式多样，常用到的有：

（1）即兴问答

即兴问答是由两人表演，一前一后，形成问答。第二位表演者根据第一位表演者演唱的乐句或固定的音型即兴答出下一句。表演双方可以是老师与学生，也可以是学生与学生。表演的方式可以是动作、乐器或歌唱。

（2）即兴演唱

根据教师唱出的一个或是几个固定的节奏型，即兴的唱出并完成曲调。

（3）即兴演奏

老师写出一个节奏型，学生以此为动机，用乐器即兴的演奏成简短的乐曲。

（4）即兴表演或指挥

即兴表演或指挥是指事先没有准备的情况下，让一个学生做出即兴的指挥，剩下的学生跟随指挥做出即兴表演的活动。

二、柯达伊声乐教学法

（一）柯达伊简介

柯达伊·左尔坦是二十世纪匈牙利著名的作曲家、民族音乐理论家、音乐教育家。"柯达伊音乐教学法"也是当今国际上具有最深远影响的三大音乐教育体系之一。柯达伊早期创作的阶段是专心于歌曲的演唱和室内乐演奏的形式，写作了大量的声乐作品及民间歌曲的改编曲。1923 年柯达伊创作的《匈牙利赞美诗》，具有令人惊叹的宏大气势。从这部作品之后，柯达伊的音乐创作就引起了全球范围内的瞩目。30 年代末期，尽管柯达伊完成了大量的管弦乐作品，但他的兴趣却在转向合唱形式，并为学前儿童写作了大量合唱作品。他的儿童合唱作品促进了全国范围的儿童合唱活动的发展，十年间使普通学校的音乐教育发生了重大变化。柯达伊在他的《儿童合唱团》文中谈到："没有哪个作曲家可以觉得自己太伟大了，而不愿意为孩子写作品，实际上是他必须得竭尽全力，才有资格为孩子们作曲。要从孩子们的灵魂出发，写出有创作性的音乐，只有这样的作品才会让孩子们感觉到'祖国'不是那几首他们不得不唱的、毫无意义的陈词滥调，而是鲜活的生命，是治愈伤痛的温暖，他们才会真正感受到这里是家乡。"1925 年起，柯达伊开始关注学前儿童音乐教育的研究，他花了很多的时间在研究学校的学前儿童审美教育以及情感教育上，并编写儿童的音乐教材及合唱作品。

柯达伊认为，接近音乐最简单的方式就是歌唱，同时最能直接的表达人们情感的音乐形式也是歌唱。器乐毕竟不是每个人都有条件去学习的，只有人们生下来就拥有的并且是最优美的乐器—人声，才是使音乐属于我们每个人的沃土。几十年来，柯达伊为不同层次的学生写了几千首读谱、歌唱练习，在匈牙利被称为"黄金储备"。柯达伊是二十世纪罕见的在不同的领域都能达到这样成就的音乐家。在他去世后，他的主张引起了世界范围的重视与接受。

（二）柯达伊的音乐理念

柯达伊音乐教育的目标很明确，那就是继承和发展民族音乐文化的传统，让音乐真正的属于每一个人。他不相信人的生命中可以没有音乐，没有音乐，人生是不完整的。

他曾经说过：教孩子好的音乐，不只是让它优美动听的而已，而是有关整个民族生存的问题。可见，他对音乐教育的主张主要是体现在音乐的教育理念上。柯达伊的教育体系，从总体上看，是建立在早期音乐教育的基础上的。柯达伊的教育思想中，是非常重视孩子在童年性格形成时期的音乐教育。他在1941 年的《音乐在幼儿园》一文当中提起过，现代心理学的研究证实了 3—7 岁是孩子最重要的受教育的年龄段。这个年龄段被伤害或是被疏忽的地方将来会难以弥补。这个阶段将影响一个人一生的发展。正如我们中国人说的：三岁定终身。所以教育的起点必须始于幼儿园。柯达伊认为，孩子都是先学会使用母语学习说话、进行交流的，孩子也应先学会通过母语来唱歌。他认为学前儿童早期音乐教育，应当致力于学前儿童民族性的培养，个人品德、集体精神的培养以及音乐素质、音乐能力的培养。

柯达伊经常强调，孩子纯净的内心是非常神圣的，我们所灌输给孩子的务必是可以经得住时间检验的真正艺术。他曾多次提起过，做一个优秀的老师比做一个歌剧院里的指挥还要重要很多。指挥的不好，失败的是他自己，但是老师教不好，会将他的失败持续三十年，并且会将三十批孩子对音乐的热爱都抹杀掉。因此，师资的培养极为重要。

柯达伊一直积极的鼓励老师们想象力的发挥，他认为教学的方法不应该是枯燥僵硬的教条。太过具体的要求、规定，只会使老师无法展现他们自身的才能。但首先要求教师必须要通过严格的音乐训练，有非常好的心理素质，热爱儿童、热爱艺术，有责任心及奉献精神，并且在教学中能够根据学前儿童不同的实际情况灵活的运用方法。柯达伊积极投身于普通学校的教学改革的同时，也要求科学院一定要对音乐研究的普及、推广给予重视。他告诉他的学生们："我希望年轻的同事、交响乐的作曲家，也能够拿出时间去幼儿园里走走，在那里你就能够判断，20年以后是否每个人都能理解你的作品。"

（三）柯达伊教育体系的内容与在学前儿童声乐教学中的运用

柯达伊音乐教育体系的主要内容以及所采用的方法都是在长时间的教育改革及探索当中逐渐形成并且独具特色的。其中有些内容也不是柯达伊本人自创的，而是他继承了先辈们的一些优秀传统与方法，吸收了其有效成分，并结合了匈牙利本国实际与需要进行了改革。这也启示了我们在学习国际知名的教育体系及方法时，要立足于我国的实际国情、文化传统，并以发展的观念进行分析取舍，以建立属于我国的学前儿童音乐教育体系。

1.民间音乐在教学中的运用

柯达伊曾多次的提到，任何的杰作都无法替代传统的作用。因此，每节音乐课上都必须有演唱民族民间歌曲的部分。这不仅仅是为了给孩子们提供课堂上丰富的歌曲练习，更是为了民族传统的延续。我们通过匈牙利普通学校使用的几本音乐教材就可以看到非常多学习民间歌曲的内容，书中插入了许多故事与精美的图画，培养孩子对民族音乐的热爱。

民间歌曲，通常是根据其内容设计成表演唱、两人对唱等形式，以加深孩子的理解及感受。或是以传统的、带有幽默的动作结合演唱，通过欢乐的表演和互相的交流获得音乐的享受以及快乐的情绪。

在乐理方面，柯达伊音乐教育体系在学校教育中着重于五声音阶的音乐。五声音阶音乐是匈牙利民间音乐的一个突出特点，也是儿童时期音乐教育最恰当的起点。随着孩子的音乐知识逐渐丰富，基于熟悉并喜爱本国的民间音乐，可以逐渐增加学习其他国家的民间音乐的内容，学习其他国家的音乐风格，这也是教学当中的一项重要内容。柯达伊觉得，从匈牙利音乐走向世界音乐很容易，但是反过来的话，道路将会是非常艰难，甚至是不存在的。

2.将歌唱作为音乐教育中的主要形式

将歌唱当做音乐教育中的主要形式，也是柯达伊音乐教育体系中的一个重要特点。柯达伊觉得，孩子唯有积极地参与进音乐活动中，才能够体验到音乐，掌握到真正的音乐文化。人声是我们每个人都有的一种乐器，唱歌也是每一个孩子都能参与的音乐活动，是音乐教育的普及中最可行和有效的方式。

柯达伊认为，合唱是最具有促进与影响群众音乐文化发展的作用，可以让最多的人接触到音乐的方式就是参加合唱，这也是最简单的方法。"还有什么可以比合唱更好的展示社会精神的呢！很多人一起做这无论什么样的天才自己都做不成的事情，每个人的工作都是一样重要的，但一个人的错误又可以破坏掉整体。"

合唱的关键不是技术问题。技术不是艺术的本质，艺术的本质是灵魂，是精神。技术在任何学校通过优秀指挥的指导都是很容易做到的。遵循着这种指导思想，匈牙利的普通学校中每班都可以唱合唱，并且每个学校里都有很厉害的合唱团，音乐老师也都有非常纯熟的指挥技能。因为指挥与合唱训练，都已被列为音乐教师培训的必修课，它也更促进学校合唱活动以及声乐教学的蓬勃发展。

在柯达伊的音乐教育体系当中，把歌唱作为基础，就连器乐的教学也是如此强调，这是非常具有革新意义的举措。柯达伊认为音乐之根就在于歌唱。柯达伊认为在孩子可以流利的读谱，并且学习掌握了节奏练习以及基础的视唱之前，不适合开始学习乐器。因为音乐的读谱能力是不会自然的生长出来的，它需要专门的练习与学习。通过演唱能够使学生感受到优美的旋律，对任何乐器的学习都很有帮助。

3.使用首调唱名法

柯达伊音乐教育体系里多姿多彩的表演、丰富有趣的教学内容以及游戏活动，都使大家印象深刻。而贯穿于其中的一条主线就是"首调唱名法"。也因此有的人们在提到"柯达伊教学法"时就会很笼统的概括为"首调唱名法"。柯达伊教育体系的首调唱名法包括以下五个方面的内容：

（1）首调唱名法

首调唱名法也有被翻译成主音唱名法或是移动 Do 唱名法。其特点就是以相对的音高为基础，各唱名的音高都是依调而定。这也就是说，所有大调里的主音都唱"do"，小调里的主音都唱"la"。do 的高度及位置是可以来回移动变化的，但是调式中的各个音级却都有固定不变的唱名。在大调当中，不管是哪个调性，主音，也就是第Ⅰ级音都唱 do，上主音，也就是第Ⅱ级音都唱 re，中音，也就是第Ⅲ级音都唱 mi，以此类推。首调音级的写法为：Do、Re、Mi、Fa、Sol、La、Ti。简写字母分别为：d、r、m、f、s、l、t。

（2）节奏的读法

柯达伊认为，感知节奏是人的本能。通过节奏的训练，对听力以及多方面的音乐能力会有很大的提高，节奏的训练应尽早采用多声部形式。柯达伊对达尔克罗兹的体态律动给予了很高的评价。认为他所使用的都是格调非常高雅的音乐材料。柯达伊的教学法中也吸收了体态律动中的某些元素。不过达尔克罗兹的练习几乎都采用钢琴伴奏，而柯达伊的音乐教学中并没有强调使用钢琴，在节奏训练的初级阶段中主要是采用轻击打击乐器或是拍手等较简易的方法。

（3）字母谱

字母的标记类似于我们的简谱，是使用每个唱名的辅音字头。由于"sol"与"si"首字母都是"S"，为了区别记忆"si"在字母谱中简写为"t"。如 d、r、m、f、s、l、t。字母只标记唱名，不能表示出来节奏。高八度时，就在字母的右上角加一撇，如 d′ r′ m′，低八度时，就在字母的右下角加一撇，如 d、r、m 等。这种字母标记对于初学者读谱起到过渡的辅助的作用。

（四）手势

约翰·柯温手势也被引用到了柯达伊音乐教学法中，是用来帮助初学的孩子理解与记忆首调唱名法里各个音级间的高低关系。手势将抽象的音高关系直观形象的展现出来。手势的位置由七个基本音级与常用到的两个变化音级组成。当使用手势时，会有相对的高度范围，比如大概与腰腹部平行的位置是 do，之后各音级的位置就逐渐升高，越过头顶的位置是高音 do′。手势是一种很好的视觉辅助手段，我们通过利用手势在空间里的运动方向，帮助初学儿童辨别与感受音程之间的距离，将抽象的音高变得形象起来。

三、奥尔夫声乐教学法

（一）奥尔夫简介

卡尔·奥尔夫是德国著名的音乐教育家、作曲家。奥尔夫音乐教育体系，可以说是结合了语言、音乐、朗读、动作与相应的教育方法、表演形式。他受到了现代舞表演以及达尔克罗兹体态律动的影响，把音乐、舞蹈、体操结合了起来，创造了他的倡导孩子主动学习以及强调自我表现力的教学思想。1930 年奥尔夫出版了《学校音乐教材》，之后陆续出版的教材有：《定音鼓练习》《敲击乐器和手鼓练习》、以及《竖笛练习》《音条乐器练习》等。1934 年建立了一个系列的奥尔夫教育书籍。1961 年，奥地利建立起了奥尔夫教师培训中心，即奥尔夫学院，又称奥尔夫研究所。1973 年，在奥尔夫研究所开设了音乐治疗课程。1975 年起，每隔五年就会举办"奥尔夫教学研究会"；1975 年至 1981 年，奥尔夫编写了 8 册《卡尔·奥尔夫及其著作》。1982 年 3 月 9 日，卡尔·奥尔夫辞世。

（二）奥尔夫的音乐理念

奥尔夫的教育体系，经过了将近 80 年的发展，不但已经成为了世界范围内流传最广、影响力最大的一种音乐教育体系，而且也在我们中国的音乐教育领域内被广泛的学习借鉴，是影响力较大的一个国外音乐教育体系。对奥尔夫的音乐教育体系来说，我们首先需要了解和掌握的，就是奥尔夫的音乐教育理念。

1.原本性音乐

什么是原本性音乐？奥尔夫曾在他的《<学校儿童音乐教材>—回顾与展望》文中提到过："原本的音乐决不仅仅是单纯的音乐，它是与语言、舞蹈、动作紧密的结合在一起的；是一种我们必须自己参与进去的音乐，也就是说人们不是作为音乐的听众，而是作为演奏者参与在其中。原本性音乐是接近土壤、自然的、能使每个人都学会和体验到的、适合于孩子的。例如，下行三度，我们旋律的出发点就可以是布谷鸟叫。这些都是可以使孩子容易进入的天地。"

奥尔夫的音乐教育，往往都是由唱歌、舞蹈、乐器演奏以及形体的动作等融为一体的。对于这样的综合性的艺术行为，奥尔夫认为；"决定一切不是让音乐来配合某些动作，或者是动作配合某些音乐，而是这两者之间应该自然的结合在一起的。肌肉与感官之间的这种统一，我们不仅是在孩子身上，更是在原始民族的身上，从他们的歌唱、演奏及舞蹈中就能够一览无余。"所以在奥尔夫音乐教学的训练中，形体的动作是必不可少的。

在奥尔夫的教学中，节奏乐器的使用，占有重要的位置。奥尔夫曾反复强调："要能够创建固定的音型，并且要把尽可能多的乐器都包含进去。"奥尔夫的教学中，要求音乐和内心的交流，并在音乐教育中特别强调培养孩子可以主动的"从自己的内心出发"，以此来实现这种交流。他曾说："对孩子的音乐教学不是从上音乐课时才开始，孩子游戏的时候就是音乐教学的出发点。我们不应该走向音乐，而是应该让音乐自己进入。最重要的是让孩子从自己的内心出发，自然的玩与奏，远离所有的妨碍因素：唱词与音乐务必要同时从孩子有节奏的玩与奏当中即兴的产生。"从自己的内心出发，尽管对于孩子来讲，是从"玩与奏"开始的，但这却是孩子审美意识产生的开始，而且奥尔夫从来没有忘记过语言在音乐审美意识当中的重要作用。这也是奥尔夫的"原本性音乐"教育中最重要的特点。

审美的愉悦是原本性的音乐教育在情感体验中的重要特征。奥尔夫曾经提到："心里的喜悦，是孩子成长中最重要的因素，而唱歌、演奏乐器、跳舞，正是能够启发孩子智慧的源泉。"这一观点跟我国古代的乐教思想中"乐者乐也"以及"寓教于乐"是相通的。

2.人本主义及"本土化"

人本主义思想是奥尔夫音乐教育的指导思想。奥尔夫曾明确的指出,音乐教育,首先就是人的教育。这既是他所有努力的起点,也是他的最终目的。因此我们可以看到,奥尔夫的音乐教育思想是以人类音乐的起源、人的本性为起点,使人们能够更加自由、自然地走进音乐,从而达到完善自我、认识自我的目的。奥尔夫从人之初的教育做起就是这种人本主义的教育思想在他的"原本性音乐"教育中的直接反映。他坚持认为音乐教育的基本准则就是要确立以学生为中心。受到当时"比较音乐学"思想影响了的奥尔夫说道:"直到有了'录音'这样的伟大的发明,进而可以把全世界的声音与音乐固定保存下来,加以比较与研究,才给我们带来了所有音乐价值的完全转变。这就是人们对自然的、原本的东西理解的初次萌芽,它唤醒了我们对一种新的教育观念的认识,这种教育观念又正在推广到全世界。"

所谓的"音乐价值的完全转变",就是承认全球各个民族的音乐,都有其自身的音乐文化价值。奥尔夫的音乐教育思想以及教学方法也因此呈现出一种开放性,也使奥尔夫音乐教育体系不管是在哪个国家、民族的传播,必然会形成"本土化",这也同样是奥尔夫音乐教育的观念和原则之一。正是由于奥尔夫的音乐教育体系是立足于全世界人类音乐文化的发展,而并不是只局限于发展某一个国家或某一个地区的音乐文化,它才会在全球的范围内获得普遍的认可与应用。奥尔夫音乐教育所体现的原则,与其说是一种方法,不如说是一个原理,是可以在不同的国家、不同的地区、不同的民族的音乐教育当中,结合当地自身的音乐文化特点而创造出一种新的教学方式。奥尔夫音乐教育在中国的广泛传播，就已经使中国的奥尔夫教学具有很明显的"本土化"性质了。

（三）奥尔夫教育体系的内容与在学前儿童声乐教学中的运用

1.节奏朗读

奥尔夫的音乐教学当中，通过节奏来训练孩子反应能力的活动是非常多的。在听到音乐时，人类的本能反应会使身体自然的做出相应的节奏动作，就如同膝盖的条件反射一样。所以通过学习节奏来训练孩子的反应能力是一个很好的方法。奥尔夫的音乐教学从最初的音乐与动作的结合到加入了语言，首先都是由节奏这个至关重要的环节入手的。

奥尔夫对音乐教学上的一项重大贡献就是把语言引入到了音乐教学。语言是每个人都具备的能力。每个人出生以后父母首先要教我们的就是说话。因此，利用说话来作为音乐学习的起步，会让孩子觉得非常亲切和熟悉，也不需要特殊的训练与技巧，就能够开始我们的音乐教学，在学习中也能够自然的减少孩子的心理障碍。

首先可以通过游戏的方式，培养学生即兴的创编能力及反应能力。例如，每个孩子想一个交通工具的名字，按两拍子来说，按坐的座位轮流进行，不能重复别人说过的词。这个游戏除了加强了孩子节奏感的培养外，孩子的反应能力也可以得到很好的练习。要注意鼓励那些反应较慢、不敢说或一时想不起来的孩子，想办法让他说出来；对节奏不准确、拖拍抢拍的孩子一定要及时纠正，从一开始一定要注意培养正确的节奏感。

2.动作的运用

达尔克罗兹的体态律动风靡整个欧洲，给了奥尔夫极大的启示。奥尔夫调查研究了原始人类以及幼儿的成长，发现音乐、语言、动作和舞蹈本身就是紧密的结合在一起的。音乐是我们的本能。但是随着社会的不断发展变化，人类的这种本能被不断地掩盖、扭曲，甚至丢失。现代的人们只注重理性，从而忽略了自己内心的情感和感受。因此奥尔夫创造了融合音乐、动作、语言于一体的新的音乐教学法。

奥尔夫音乐教学的内容中加入的动作是非常丰富的，包括了声势、身体各个部位的动作，以及加入了游戏，形体的表演等。"声势"是把我们自己的身体作为乐器，声音通过身体做出的动作而发出。声势包括了击掌、脚踩地面、用手拍腿以及打响指几种基本形式。除了这几种基本的形式以外，现在发展出了更多的形式，例如通过对全身各个部位的拍打来获得更加丰富的音色与节奏的变化。对于孩子们来说，从拍小肚皮到拍屁股的两侧所发出的不同的音色与节奏也会让孩子们乐此不疲，对学习产生浓厚兴趣的同时，身体也能得到很好的锻炼。身体动作的训练需要有合适的空间，尽量选择大一点的教室，可以让学生自由活动，最好是地板或者地毯，地面不要滑或凉，训练时最好可以光脚（回归原本），教师要会一两样打击乐器。教师一定要把动作教学列入到音乐课必不可少的内容中。

3.器乐的运用

奥尔夫曾说："我摆脱掉了只能通过钢琴来完成节奏训练的方法，我追求的是让孩子通过自己奏乐，来实现他们学习的主动性。因此我不愿使用已经高度发展了的艺术性乐器来训练，而是使用以节奏性为主的，并且比较容易掌握的原始乐器。"后来由于奥尔夫的《学校儿童音乐教材》中使用了许多打击乐器，并为其编写了训练的教材，人们逐渐的将奥尔夫教材中使用过的敲击乐器统称为"奥尔夫乐器"。奥尔夫乐器被分为两大类，一类是打击乐器如鼓类、响板、木棍、木鱼、三角铁、碰铃、锣、沙锤等没有固定音高的乐器；第二类是钟琴、金属琴、木琴、竖笛等有音高的乐器。

打击乐器较小型的可以人手一个，是在教学中应用最广泛，也是最受孩子欢迎的简单易学的乐器。它还可以使用替代品，我们生活当中能够敲响的都可以用来当做打击乐。有了各式的乐器后，就可以与声势相结合，先做声势练习，然后可以把拍腿、跺脚等声势换成打击乐器，分成不同的声部同时进行，还可以边朗读节奏边敲打。

4.听力训练

人们通常认为音乐教育当中听力训练的部分，是音乐教育中的中心问题。音乐课中，最基本的任务应该是帮助孩子提高体验音乐的能力，而不仅仅是歌唱或表演。我们有很多人在上音乐课时，经常是只注意自己唱歌的技巧或方法，而忽视了对听觉的训练，这种想法是非常错误的。正如我们上课时老师经常说的"要用你自己的耳朵去听！"在上音乐课时，耳朵比嗓子更重要。过去我们在练耳上多注重听单音、音程、和弦等方面的训练，有的音乐欣赏课则是重点讲作品的历史背景、曲式结构等，大多都是讲得多听的少。这样的听力训练即单调又乏味，也失去了听力原本的意义。奥尔夫的听力训练方法不仅要通过身体做出反应，还采用了图形谱这种视觉手段。乐谱是用来记录音乐的符号，但是有许多声音乐谱是记录不出来的，比如音色。图形谱就可以将声音的各种要素通过符号记录下来，让孩子能够通过图形谱直接接触到音乐的本身。

教师可以放一首曲子，学生聆听以后，通过自己设计图形谱来感知曲子的结构，通过用嗓音模仿、用打击乐演奏，使孩子不知不觉中熟悉这首曲子，详细的了解曲子的组成，最后在熟悉了曲子之后静听一遍音乐。我们除了要教孩子活泼的参与音乐，也要教他们静下心来聆听音乐。只有静下心来聆听，才能更深的体会到音乐的奥妙。

第五章 学前声乐教学中"教"与"学"的创新

第一节 "教"与"学"的基本论述

一、"教"与"学"的概念

事物的存在总是相对的，要一分为二的看待，在声乐教学中也一样。从一位教师的教学方法中，如果只单一的看到教师"教"的内容，没有从学生"学"的知识中反映出来，并不能转化成为学生自己发展的能力，这位教师的教学方法是不被推广应用的。相反，如果只单一的看到学生"学"的内容，而没有体现出教师"教"的教学效果，这种教学方式也是不提倡的。以上提到的两种教学方式反映出的"教"与"学"的关系，一种是以教师为中心的关系，一种是以学生为中心的关系。这两种关系都是片面的，良好的"教"与"学"的关系到底是什么关系呢？

王三策教授曾经给出"教"与"学"的定义是："所谓教学，乃是教师教，学生学的统一活动；在这个活动中，学生掌握一定的知识技能，同时身心获得一定的发展，形成一定的思想品德。"

顾明远主编的《教育大辞典》"教"与"学"给出的定义是："以课程内容为中介的师生双方教和学的共同活动。"

施良方等把教与学定义成为："教师引起、维持与促进学生学习的所有行为。"

王三策教授的定义强调"教学永远是教师和学生统一的活动",认为教与学两者是不可分割的,"没有学,教就不存在,如果再有什么'学',那就不是教学中的'学'"。经过自身的学习以及近来教学总结的经验,可以把"教"与"学"的关系概括为:师生共同"教",师生共同"学",站在双方的角度来进行"教"与"学"的活动。两者的关系密不可分,是一种合作性的关系。

(一)"教"中看"学","学"中看"教"

在声乐教学中,教师是处于一个引导者的角色,教师的一切教学活动都是以辅导学生从无知到有知,逐渐成长起来为目的的。声乐教学活动属于抽象性活动,因为声乐艺术是以个人的嗓子为载体,去完成每一个声音。嗓子发出的声音是看不见摸不着的,怎么"教",怎么"学"呢?全凭双方的想象与实践去完成,教师起到"知识源"的作用,把自己的声乐知识通过教学方法传授给学生。学生是学习的主体,通过自己的理解与实践接受声乐知识与技能。在这个学习过程中,教学双方具有不同的角色,但是从学生掌握的程度可以反映出教师的教学方法,从教师的教学方法也能看出学生学习的成效如何。教学双方有着密不可分的合作关系。教师在教学中指导学生学习正确的,科学的歌唱方法,并能用各种方法调动其学生学习的兴趣与主动性。学生需要刻苦认真的捉摸领悟老师所讲的要点知识,按照老师的指导方法努力练习,使老师在声乐教学上的教学要求能够在学生身上充分体现。声乐教学就是老师与学生双边知识的相互交流、相互传授经验的过程。从教师的"教"中看到学生的"学",从学生的"学"中可以看到教师的"教"。

(二)教学相长

对于"教学相长"这种讲法早在很久以前,我们的先辈已经提及过,并且成为古代教育史上很有价值的教学观念。教学相长，出自《礼记·学记》："是故学然后知不足，教然后知困。知不足然后能自反也，知困然后能自强也。故曰教学相长也。"意为教和学两方面相辅相成，教师与学生之间互相影响和促进，都得到提高。通过教学实践，立体的、深刻的体会到了"教学相长"的含义。通过学习，发现自己不足的地方，知道自己有不足的地方，反过来要求自己继续学习；通过教学，发现自己困惑不解的地方，知道自己困惑不解的地方，通过学习研究提高自身。所以说，教和学是互相促进，共同提高的。著名的教育家、思想家陶行知先生，他对于"教学相长"的思想理解为："做先生的，应该一面教一面学，并不是贩买些知识来，就可以终身卖不尽的"。在共同生活中，教师必须力求长进。好的学生在学问和修养上，每每欢喜和教师赛跑。后生可畏，正是此意。我们极愿意学生能有一天跑在我们前头，这是我们对于后辈应有之希望。学术的进化在此。但我们确不能懈怠，不能放松，一定要鞭策自己努力跑在学生前头引导学生，这是我们应有的责任。师道之可敬在此。所以我们要一面教，一面学。"教"与"学"相互影响是非常重要的，不能单一的把"教"与"学"分开。老师与学生应该紧密合作，共同研究问题，互相帮助，探索式的解决问题。这样的方式教学，学生不但解决了自己的学习问题，老师也积累了解决各种问题的教学经验，学生进步快，老师也容易教出成果。这就是教学相长，双丰收的意义。

二、学前声乐教学中"教"与"学"的重要性

"教"与"学"直接影响到老师与学生的"教""学"效果，学生来学校的目的是为了学习自己想要的知识，希望自己进步，想要提高自己的演唱水平；老师的目的也是希望自己的辛勤付出有所收获，看到学生一天天进步，帮助学

生获得成功。为了实现这个理想，师生之间建立一种平等、和谐的"教与学"的关系是实现这一理想的关键。教育中平等、和谐的重点在于人与人之间的平等。每个人的人格得到尊重，能够体现出各自的价值，便会产生积极地教学动力，促进声乐教学活动的顺利进行。和谐的师生关系建立并协调好这对关系并不是一方的事情，而是受老师与学生这一双维度因素的制约。教学不是单方面的，教师的心灵与人格在潜移默化中会影响学生，而性格各异的学生在学习过程中所反映出的现象与问题也会影响甚至改变老师的教学思路与教学方法。声乐教学是一种抽象思维的活动过程，依靠想象与具体实践，凭师生两者的交流沟通完成学习，因此，教师与学生两方的因素会影响"教"与"学"的关系。

第二节 教师与学生在声乐"教"与"学"中的地位

一、教师在声乐"教"与"学"中影响

教师在教学中占主导地位，学生能碰到一位好老师，碰到自己喜欢的老师，是在今后的学习中，起到事半功倍的优良条件。教师因素对于"教"与"学"关系的影响甚大。调查结果显示，学生喜欢的教师特征按百分比依次有：平易近人，热情，有耐心；亦师亦友，没有架子；知识广博，肯教人；鼓励，不发脾气；教学方法好；公平公正；幽默开朗；音乐素养高；讲课生动形象；负责任，守信用。据调查研究总结出，教师自身应当具备以下特点：

（一）教师的知识储备量

教师首先应该是一个知识广博的人，对于所教的科目有大量的知识储备及前人留下的经验；再者应该努力学习，充实自身的不足之处。正如这个道理："老师要给学生一杯水，首先自己要准备一桶水。"对于自己的知识层面要研

究的深且广，不能只停留在自己狭隘的专业领域里。从纵向与横向两大方向把握，这样的学习精神不但有益于自身的提高，并且能"以身作则"，给学生树立一个良好的学习榜样。以问卷调查的这 220 位同学为例，他（她）们的专业是学前教育，在给他（她）们上课时，教师应该具备多方面知识技能。特别是在上声乐课时，由于他（她）们不是声乐专业的学生，基础相对薄弱。声乐这门课是抽象性较强的专业，科学的歌唱方法要靠科学的训练以及科学的理论指导才能获得，所以要求声乐教师既要有娴熟高超的演唱水平；又要储备科学的理论知识；还要具备形象直观的语言表达能力。在声乐教学中，不可能全部由老师示范演唱教学，大部分时间还是需要老师用语言描述歌唱的感觉和状态，在讲解的过程中，让学生自我实践检验。教师如何用直观形象的语言讲解知识，这就要求老师要不断自我实践，体会唱歌的状态与生活中常常能接触到的感觉相结合。不断锤炼自己的教学语言，提高语言的表达能力，让声乐教学语言的表达尽量生动、形象、简练而又准确。让学生能够通过老师最形象的语言，体会到歌唱的状态，理解发声的方法。

何为师？传道、授业、解惑也。声乐艺术不像器乐学习那样具体直观，看得见、摸得着，比如像钢琴，八十八个黑白键，该按哪个键就按哪个键，立马见效。声乐不一样，学生只能通过聆听音响资料或是教师的范唱，再加上教师的教学语言去领悟歌唱的状态。学生难免会遇到疑惑不解的问题，这就需要老师在传道、授业、解惑时，不能单一的就声乐谈声乐，而是要理论结合实际歌唱练习进行授课。教师将自身的歌唱体会凝练成简练形象的教学语言表达出来，这一教学素质在"教"与"学"的关系中起到重要作用。同样的一个问题，例如声乐中有关气息的问题，教师在解释这一问题时，如果仅用专业术语解释为：唱歌时，要气沉丹田，声音才结实有力。这种解释，学生很难找到丹田到底在哪里。教师在描述问题时，不能只停留在字面上，要讲述出实实在在的歌唱感觉和身体肌肉的运动方式，学生才会对"气沉丹田"真正掌握和领悟，学生才会根据老师讲的进行实际操作，转化成为自己的歌唱行为。作为声乐教师要不断加强理论与实践的学习，丰富视野，拓宽知识面，不断更新教学观念，变革教学方法和手段，为学生而所用，易用。

（二）教师的思维能力

思维决定行为，教师表达的清晰度与学生学习成绩有显著地联系。教师讲解问题时，含糊不清，模棱两可，学生自然听的糊里糊涂。教师思维的流畅性与授课质量成正比，教师不但要积累丰富知识与经验，并且要让自己的思维有条理性、系统性、合理性。在声乐教学中更需要教师思维清晰，表达恰当，这样才有助于学生的理解。

（三）教师的热心度与鼓励度

教师对学生的热心度与鼓励度对"教"与"学"的关系有显著影响。每个学生都希自己受到尊重，受到老师的关注。老师应当关爱每一位学生，必须充分尊重学生的人格，以平等的方式对待每位学生。不论是性格内向的或是外向的；学习认真的或是调皮捣蛋的。一般规律，人总会注意到个性鲜明，热衷表达自我的个体，教师一定会先注意到喜欢展现自我，学习认真的学生。与之相反的学生则会容易被忽略，一种是性格内向的学生，不爱与人沟通，不喜欢表现自我的；一种是学习不认真，总喜欢逃开老师视线的学生。这两类最容易被老师忽视，一旦老师把这两类学生放任自流，恶性循环便随之开始了。不爱与人沟通的更不善于表现自我，自信心匮乏。不认真学习的因为与前面的知识已经脱节，跟不上进度，更加放弃自己。一旦让这局面出现，后面这两类学生与老师的距离越走越远，不利于师生之间的互相了解与沟通。

在给学生集体练声时，听到有一个声音总是不在调上，一直唱跑调，经过仔细观察找到了，这个学生需要加倍关注。当着其他学生的面前，没有多讲，只是让她自己加强练习。下课后，问她有什么需要帮助的，经过沟通，明白了她的具体情况，原来她自己知道自己唱歌总跑调，音准不好。从这一点上来看，这位学生是可以通过后期的练习，纠正音准的，因为她知道自己唱不准的地方。证明有具体的音高概念。经过第一次沟通，了解了她是一位性格内向的学生接下来的接触都是主动询问她的情况。过了段时间，她开始主动提问题了。"老师，我在课下请同学帮我听音准的问题，但唱到小字一组的 f，再往上就唱不准了。"听她唱低音部分时，音准极好，慢慢趋向中音区时，就像她自己说的，到了小字一组的 f，就唱不准了。教师与她课下进行单独辅导，并告诉她内心音高的重要性，这是能否不再唱跑调的关键因素。随着课下对这位学生的关注与辅导，效果颇好。最主要的是学生更喜欢音乐了，在音乐面前，不再拘谨与害怕，敢于大胆展现自我，这是教师热心于鼓励后最大的收获。

（四）教师对学生的信任度与期望值

教师与学生之间是要有默契的，这种默契需要在长期的"教学"过程中逐渐培养起来。教师对学生的信任度与期望值影响双边默契程度的构建。

教师对学生的信任直接影响学生自我信任与学习热情度。学生与学生之间总是会因为各方面因素导致成绩参差不齐，例如基本功、领悟能力、学习的用功成度等等。但是，仅仅因为这些因素而成为教师评价学生的依据是不全面的。学生没有"好""坏"之分，他们都是一样优秀的，是不可替代的。如果教师因为暂时的成绩而武断的下结论，把学生分出三六九等来，潜在的意义就是教师已经对学生的信任度与期望值有了级别的划分。教师对成绩好的学生，更加信任，要求更高。学生自身也会因为老师的信任与期望而调整状态，变成老师所希望的那样。

正所谓是"亲其师，信其道。"对成绩不理想的学生，教师没有了信心甚至想要放弃，学生也会因为老师对自己的态度而改变自己，顺应老师所期望的发展下去。这便是"向师性"的效应。任何人都不希望自己落在别人后面，甘心垫底，教师要充分相信学生，信任学生，期望他们都能做出优异成绩。往往上课不认真听讲，老爱调皮捣蛋的学生更希望引起老师对自己的关注，这种"关注"并不是"讨厌、不信任"的关注，而是与其他学生一样平等的关注。他们不希望因为自己在学习上的暂时落后而导致老师对自己的不理不睬，他们希望得到同样的信任与关注。假使，老师带着有色眼镜看待他们，他们会因为老师的态度而失去自己对自己最后的期望与信心，彻底放弃自己。

在给学生上课的时候，拿两节课为例，以两种关注度对待同一位学生，这位学生的上课态度与学习质量是完全不一样的。第一节课，上课的重点放在知识传

授方面，详细讲解声乐理论知识，有的学生听得很认真，不论是老师做示范还是自己亲自实践，都会努力去做。有的学生因为觉得理论知识有些枯燥，就开小差了。后面实践部分会因为前面没认真听讲，自然做得不到位。这节课，教师没有特别关注不认真听讲的学生，整节课下来，他们一直不能全神贯注的学习。第二节课，有位特别调皮的学生开小差，并且和旁边的学生讲话，打搅别人学习。特意请她回答问题，并且根据她的答案给予鼓励。那节课，这位学生听得格外认真，甚至有学生找她讲话，她都不理睬，因为她被老师关注了，她能感觉到老师对她的信任，那份信任正是她最需要的。要求学生一直保持认真学习的状态是有难度的，因为他们毕竟还小，自制力相对来说还比较弱，如果因为有的学生的学习态度不够认真，而去批评他。换来的，只有学生更加叛

逆的心理,更加不认真学习。从另一个角度来看,学生讲话,是老师给他们讲话的机会,他们没有被关注,才会讲话的。如果老师充分相信他,关注他,他会觉得讲话是没必要的,兴趣与责任促使他必须认真听讲。这个例子证实了教师对学生的信任与期望是构成"教与学"良好关系的添加剂。

二、学生在声乐"教"与"学"中的主体地位

学生在教学活动中占主体地位,所谓"师傅领进门,修行在个人"就是强调学生主体地位的意思。学生学习的态度及成绩会直接影响到老师的授课情绪及发挥。

(一)学生对教师的信任度

"信任"是建立人与人之间良好关系的基础,在声乐教学中体现的格外明显。声乐艺术不像语文、数学那样看得见摸得着的,是什么字就是什么字,用哪个公式就用哪个公式。声乐艺术是一个全凭师生之间相互研究,相互进步的过程,关系密切。如果学生对老师的信任度不够,会影响"教"与"学"的关系,必然也会影响学习的进度。

同一个知识概念,不同的老师诠释的方式是各不相同的,但观点是一致的。例如在声乐艺术中,核心重点是对"气息"概念的理解与运用,它是歌唱艺术的源泉。一位老师解释为:气沉丹田,横膈膜向外扩张。另外一位老师解释为:用腹式呼吸法,把气吸进小腹部,有一种往下延伸的感觉。再一位老师也许会诠释成:平常生活中,看到一朵美丽的花,用鼻子闻花香的状态,就是歌唱的状态。……对于"气息"还有各种各样的解释,但是不论怎么解释,其实都是在诠释歌唱时,气息的重要性,就是要气沉丹田。老师们所解释的方法不同,是因为老师们把自己所体会到的,凝汇成最通俗易懂的意思解释给学生。如果

学生对老师没有充分的信任度，在书本上、在媒体视频上、或是与同学讨论，发现与自己的老师讲法不同，对自己的老师产生质疑，在教学中就会出现障碍，学生的心理不相信老师的方法，无论老师花再多的时间去调整学生的状态都是无济于事的。心理支配生理，心理上已经不再听从，生理上当然不受控制了。出现这种状况，必然会影响到"教与学"的关系，导致种种问题出现，最终致使教学进度停滞不前。在教学当中，教师碰到过这种情况，一位条件特别好，基础底子明显比其他同学好的学生，在刚开始学习的时候，学习热情高涨，喜欢与老师沟通讨论歌唱的体会。有段时间，上课精力不集中，下课时间刚到就走了。她的表现影响到老师的上课思路，老师会时不时的注意她有没有在认真听讲，以至老师的教学质量打折扣。为了解决这个问题，一次上课结束后，老师问她："能听懂吗？这样讲可以理解吗？"她不做声。老师知道一定有什么原因导致她近阶段有了反常的表现，经过谈话沟通了解到，学生自己觉得近阶段声乐没有明显的进步，有些着急，课下和同学沟通，上网查资料，看视频。得到的知识与老师讲的不一样，不知道该怎么办了，不知道该怎么学了，不知道该相信哪种教法了。原来是她由于太想进步，觉得老师的教法不会立刻做出成绩，而开始怀疑。接下来的时间，师生并不急于实践学习，而是进行思想交流，疏导思路，使双方建立起彼此的信任。学习总是循序渐进的，是一个螺旋状上升的过程。师生之间配合的好与否，首先要把最基本的信任建立起来。

（二）学生的个性差异

人与人之间在心理上、生理上存在着差异性，致使学生之间有个性差异。中国教育学博士陈建翔，曾在一次演讲中提到，我们在工业社会的大背景下，教育方式就像大工厂里制作模子一样，把原先一个个有个性的、各不相同的学生打造成一模一样的"模具"。这一批批"模具"是不被允许有丝毫的特殊，这种工业社会的模式，深深地影响到教育领域。在音乐教育的声乐教育中，"模具"音乐转变为强调"差异性"的音乐是当下必须走的方向，这一点是值得重视的。学生们成长的文化环境、社会背景各不相同，形成不同的人生观、价值观。就意味着教师不能单一的用一种教育方式、教育内容、教育目标对待每一位学生。了解清楚每一位学生的个性特点，分析研究，帮助每位学生了解自己的声音特点、声音亮点。规划出适合他们的教学方法，这是建立良好的"教与学"关系的关键之一。

每个人对于宗教信仰、伦理道德、艺术观念等等的理解，都不是天生具备的，而是由于文化环境的不同，后天积累形成的。个体的思维、爱好、价值观念与他所出生和成长的特定环境有着密不可分的关系。例如，生长在大草原的蒙古族人们，性格豪放、爽直，具有大草原般辽阔宽广的胸怀。歌声当中也会体现出这一民族的气质和性格特征。歌声时而像奔驰在辽阔的草原上的骏马，时而又像飘逸在蓝天上的白云。曲调悠长辽阔，节奏自由，尾音拖长，情绪热情奔放，旋律富于装饰，常采用真假声并用，具有浓郁的草原气息。再比如，维吾尔族人们，歌曲富于舞蹈性，生活在这个环境下的人们，唱歌与跳舞总是同时伴随的，歌舞一体的。因为她们从小在各自的环境下长大，受长辈行为的熏陶、受当地文化的影响。这就出现了个性上的差异，如果用"模具"式的方法去教育学生学习正统的学院派声乐模式，便把他们的个性特点丢失的无影无踪，这种教学没有任何意义。

教师应注重这些"差异性"的存在，尊重每一个学生的爱好，擅长发现学生的个性，激发他们的闪亮点，才能实现"教与学"上的平等性。在一次中国音乐学院举办的中非音乐交流会上，一名非洲西部的黑人跳了一段舞蹈，这位女士体形肥胖，皮肤黝黑，是典型的非洲妇女形象。如果不了解非洲文化，历史背景，那么以我们中国人的视觉就会觉得，这类舞蹈不美，更何况是这种体型的人表演。由于非洲的地理环境、历史发展以及劳动方式和生活习俗促成了他们的舞蹈风格的形成。她们的动作粗犷有力，感情炽热，善于以夸张的形体动作抒发自己的情感，富有细腻的表现力和生命力。了解了这些后，再来观赏这段律动性极强的舞蹈，便会觉得只有这种身段才会跳出味道来。在声乐教学中，深入了解每一个学生的嗓音条件，在他们的个性条件下，以保留他们原先学习之前的特点为基础，进行歌唱训练，这才是声乐教育的真谛所在。

第三节 多媒体技术与数字化技术下的学前声乐"教"与"学"

一、多媒体技术对学前声乐"教"与"学"的影响

在这个科学技术极其发达的社会里，新生事物层出不穷。"媒体"越来越发达，从最早的口口相传的原始时代发展到留声机时代，然后发展到广播时代，再到电视的出现，直到电脑网络普及后，层出不穷的新媒体相继产生。在声乐教学中，媒体成为学生与老师以外的第三重要角色。声乐的学习是靠个人课上课下多想、多听、多悟的。一般声乐课时是一个星期一节课，最多两节课，学生要在仅有的时间内掌握每堂课的新知识是很难的。借用媒体的作用，解决记忆问题是一个简便的方法。例如用录音笔、摄像机把上课的实况记录下来，课后反复听，反复琢磨。在没有这些高科技的年代，老师布置了新的歌曲，学生只能根据谱子，按着钢琴一遍一遍的弹唱学习。现如今，出现了网络，出现了光碟，学习一首新歌，方法途径非常多。可以买张光碟，放在影碟机里观摩歌

唱家的示范，或者是上网搜索各种关于这首歌的资料。

媒体的出现对于学生学习声乐是提供了便捷，从这个角度来看，媒体对声乐教学的"教"与"学"关系的影响是起了良好的促进作用。不像从前没有媒体的年代，学习歌曲大多数时间需要老师口口相传。如果学生偷懒，课下不认真完成作业，上课的时间，老师只能巩固上节课的内容，以及视唱练耳的基础知识，再加上练声、布置新的作业等等，一节课很快就过去了。没有多余的时间去处理基础知识以外的，相对来说更为重要的情感内容知识。这样一来，学生与老师都处于了被动状态，老师本来准备好的教学知识由于学生没有把该学会的知识学会，只能搁置一旁，改变教学内容，从基本旋律教起。爱偷懒的学生习惯了这种教学节奏，便会继续保持现在的学习状态。师生之间没有了激情，没有了"碰撞"，"教"与"学"的进度缓慢。达不到教学目的，师生关系陷入冷冻阶段。学习刻苦认真的学生由于私下把该准备的都准备的很充足，把该学会的旋律都学会了，上课的内容就不必停留在最基础的层面，由于有充足的时间实践新的内容，师生学习过程中碰撞出来的知识不期而遇。这一类学生的声乐演唱水平经过日积月累的练习便会提高。师生之间配合自如，不断碰出火花，老师教学的潜力也在不断挖掘，师生之间产生了默契，"教"与"学"的关系十分和谐。两类学生分道扬镳，好的只会越来越好，落在后面的学生只会越落越远。那个没有媒体的年代，一定程度上还是阻碍了声乐的发展，至少在速度上是这样的。现代社会，发明出各式各样的媒体，它们的陆续出现改变了人类的许多方面。在声乐学习中，媒体的价值体现在，学生用来记录，课下进行再学习。老师在课上所说的每句话，所演示的每一个声音、动作，对于学生来说都是非常重要的。为了记录上课内容，学生可以借用媒体工具的帮助，全程记录下来，方便课下练习时候用。避免了学生课上明白，课下忘记的记忆缺点。声乐教学中,不断学习新歌曲,从歌曲中提高演唱水平,这种方法很常用。所以学生学习新曲目成为课下要做的功课之一。

老师布置新的歌曲时,有时会在课堂上示范完整的演唱一遍,有时候由于时间不够的原因,让学生课下自学。这个时候,学生就会利用媒体的价值,进行学习。声乐的学习首先需要学生培养一双灵敏的耳朵,因为除了上课的时间以外,

学生大部分时间还是自己练习,如果脑海中没有建立正确的声音概念,自己练习时,无法鉴别自己是否唱的正确。唱对唱错不知道,下节课会给声乐教学带来很多麻烦。如果老师与学生沟通很少,老师不清楚学生演唱水平反复无常的真正原因,还以为是学生没有认真练习,学生自己也不知道正是因为自己对"听"的训练不够,造成了发挥不稳定,进退不定,徘徊不前。其主要原因是学生心里没有一个正确声音的标准,唱的对不对不知道。这样是不利于"教与学"关系的和谐发展。古代意大利美声学派大师认为:只有耳朵提高了,发声才能提高。媒体的出现便给学生提供了多听的机会。现在网络如此发达,学生想听什么歌,上网搜索就可以出现若干个版本的同一首歌,优雅派、古典派、流行派、野兽派……各式各类的都有。这样让学生随意听,是否有利于声乐的学习呢?我国著名的歌唱家、声乐教育家沈湘老师主张,学生在学声乐时,应当明确声乐训练的标准是什么。标准就是我们的耳朵要有正确的声音概念。好的声音概念是非常关键的,学生首先要有正确的声音概念,私下学习时,不管是自己练习时还是利用媒体听别人唱时,内心都会有判断的能力。声乐教师的最终目的就是为学生建立正确的声音概念,训练出一副敏锐的耳朵。这样学生就会带着正确的声音概念去练习,去倾听别人的唱法。不至于盲目听从别人的说法,任何的声音都觉得对。比如,自己经过老师的教导建立了好的声音,但

由于还没有建立好的声音概念，用媒体去听别人的唱法，在现如今的网络上，并不是只有歌唱家所示唱的版本，还有许多业余的人，随便录了首歌就发到网上去了。学生听到了，无形当中会多少受些影响。下节上课时，发挥就会和刚刚巩固好的科学的唱法有些冲突。为了避免这种因素的影响，教师的当务之急就是帮助学生建立正确的声音概念。媒体的功能不可忽视，这时老师就可以充分利用媒体的持久记录的功能，让学生私下多听、多练、多看。

（一）多听才能建立正确的声音概念

声乐艺术属于听觉艺术之一，只有多听（注意：这里的"多听"，指的是多听经典之作，大师们所示范的作品）才能帮助学生建立正确的声音概念。媒体的价值就体现出来了，老师学生可以利用媒体进行课下再学习。教师需要提醒学生，课下需要听哪首歌，哪个版本，谁演唱的，以至于避免学生自己乱听些资料，影响自学的质量。带着思考的大脑反复听大师们演唱，研究他们是如何发出这么有磁性的声音。对于建立正确的声音概念是非常有帮助的。有人曾经问著名的男高音歌唱家多明戈，在歌唱生涯当中受了谁的影响。他回答说："卡鲁索（Caruso）的唱片对我影响最大，那种音质，不可估量的声音力量。我常常听他的各种唱片。我可能会一味地模仿他而学成不三不四的样子；但我没有试着模仿卡鲁索，我只是试着探索他是怎么唱的。一天，当我录音时我在高音上仍然困难时，我试着回忆当时听卡鲁索是如何演唱的，忽然间我发现可以任意自如的唱起来了。"带着研究的头脑多听，让学生的内心有个正确的声音概念比教授任何技巧都重要。

（二）多练才能建立正确的声音概念

在听的基础上，再进行刻苦练习进一步建立正确的声音概念。正确的声音概念我把它理解成为正确的身体肌肉运动，把发声状态时的肌肉运动做标准了，

声

音自然也就正确了。在一次听导师给一位学生上声乐课时，学生唱到一句音高偏高的句子，唱了几遍都没唱好，我的导师用比喻手势去启发他，反问他几个问题，"腰部肌肉对立了没有？背部肌肉往上推了没有？后咽壁打开了没有？喉咙放松了没有？"让他自行检查自己的肌肉是否做对了。经过老师的提醒，学生终于唱对了，声音轻松自然，很轻巧的就唱上去了。问他为什么又唱对了呢？他说："注意力放在如何运用自己的肌肉上去，就唱出来了。"在导师的教导下，我总结的经验是：别人的声音是用"听"的，自己的声音是用来"做"的。多听，多练才能训练出一副好的音乐耳朵，才能建立正确的声音概念，才有鉴别声音的能力。多练的过程，媒体的运用显得尤为重要，学生除了听歌唱家演唱的视频资料以外，还要听自己上课期间的歌唱状态，优点要加强，缺点要改进的地方都需要借助媒体的同步记录。

（三）多看才能建立正确的声音概念

歌声与身体协调的好坏决定着声音质量。声乐教学中，基本都是一位老师对一位学生，或是一位老师对几位学生。上课地点在琴房时，老师弹琴教学，学生从墙壁的镜子上可以看见自己的演唱状态，但有时也会走神。况且如果是上集体课时，学生们站成一堆，根本无法看到自己的形象，这样的盲目练习，有许多同学会养成各种不好的习惯，例如表情过于夸张、嘴巴唱歌时往一边歪、手不知道该放哪便用来打拍子，站姿不好看、肩膀耸起等等。这些习惯一旦养成就不好改了。老师也不可能照顾周全，一个是要弹琴讲课，再一个是学生过多时，难免会眼睛照顾不过来。表情动作奇怪就会导致声音不美，老师有时不用看学生，从学生发出的声音就知道她的表情动作放不放松。例如肩膀紧时，声音就会紧；脸垮着，声音就会发闷。借用媒体，例如 DV，或是电脑的摄像头把学生上课时的表情状态拍下来，课下多看，及时纠正演唱时的不良习惯。从刚开始学习声乐就养成习惯，直观的看自己的演唱肢体动作，不但能够扼制不良习惯的衍生，而且有助于正确发声状态的培养，并且是对声乐教学的一种拓展，延续。有助于学生不但能在课堂上有良好的发声状态，还能够借用媒体强大的功能，在课下观看自己的录像，进行分析，找出自己的不足之处，优点加强巩固，缺点纠正改之。让学生把在课堂上的状态延续到课下，解决了传统声乐学习，学生课上课下发挥不稳定的问题。让学生建立起真正属于自己的正确的声音概念。

媒体除了以上所提到的作用外，还有一点不可忽视的作用。传统的声乐课，都是以钢琴伴奏为主，它既有有利的一面，也有不利的一面、有利的一面在于它可随时适应学生的主观处理，按学生个人的主观习惯进行合伴奏；不利的一面在于，一是钢琴自身的音准问题，二是随时可变的"跟节奏"方式无法给学生以准确的节奏感及风格感训练。多媒体技术则可预先做好歌曲的乐队伴奏，强调风格与节奏，使学生能够树立较强的节奏观念和风格观念，从而达到表达的准确性，提高对歌曲的表达能力。避免了传统教学中的不足，例如声乐教师钢琴伴奏的水平参差不齐，有的弹正谱，有的弹即兴伴奏，总的对比下来，总还是无法与专业声乐伴奏水平相比较，这种局限性是不容忽视的，在一定程度上阻碍了学生演唱歌曲的兴奋度，不能很好地把握歌曲的风格。在各大院校，学生在期末考试的时候，有钢琴专业的学生或老师为其伴奏，除此之外，学生没有多少机会能够接触专业伴奏。媒体的出现，解决了这一弊端。在网络上可以搜到许多歌曲伴奏，强调风格与节奏，给予学生歌曲风格的暗示与烘托，使学生能够树立较强的节奏观念和风格观念，从而达到表达的准确性，提高对歌曲的表达能力，同时增加了课堂的活泼性，更增加了学生上课的兴趣。

媒体对"教"与"学"关系的影响深远。传统的声乐教学，凭借经验和感觉，"教"与"学"的双方常常要付出较大的精力，也会历经许多次失败，走一些弯路。这种方式的教学给老师和学生带来不少问题：在传统的声乐课堂中，学生对于自己本身的歌唱状态没有一个形象、直观的了解；学生缺乏舞台演出的机会；学生对于自己的声音没有整体印象；学生缺少与艺术指导交流的机会……这一系列问题都会导致"教"与"学"双方不能更有效的互相学习，互相进步。借用媒体的力量来辅助声乐教学，为老师与学生提供便捷的学习工具，用相同的时间获取更多，更广的知识层面，促使"教"与"学"的关系更加和谐而有默契。

二、数字化技术对学前声乐"教"与"学"的影响

数字化技术是集声音、文字、图像、动画、录音及视频等多媒体融为一体的技术手段，其信息量大、转换灵活、原始再现，以及便于对比分析的一种现代技术。如何将声音变化成数字化呢？"将时间域幅度上连续变化的声音变换为脉冲数据的过程称之数字化。"

每个人地声音动作都是携带信息的重要媒体，每个人都有着不同的音调、音强、音色、音质等都是个人的音频特色。现在我国的许多行业也都开始使用音频，来辨别人的声音了这一技术就是利用的数字化技术的数字处理方式来完成的。要是使用数字化技术来帮助分析，就必须掌握必要地素材，音频和视频就是素材的来源。数字化技术是需要通过计算机来实现的，因为计算机只能处理数字信号，自然界中各种声音信号都必须要经数字化后方可输入计算机进行数据处理，这个过程也就被称为音频的数字化。

在计算机运算中，所有的收集信息均是数字代替。声音信号也不例外，现

阶段我们称之为"数字音频",在日常生活中我们最常见的有两种声音信号即:模拟音频和数字音频。这两个音频的区别主要体现在形式上,模拟音频在时间上连续的不间断的;而数字音频则是一个数据序列,在时间上是断续的。要是我们要把模拟音频转换成数字的音频就必须要经过采样、量化步骤。把模拟声音转换成数字音频之时,就形成了我们在电脑中所见的波纹。"当我们把模拟声音转换为数字音频时,需每隔一个固定时间间隔在模拟声音波形上取一个幅度,称为采样;固定时间间隔称为周期;某一电平范围的电压有无穷个,用有限个数字表示某一电平范围的模拟声音电压信号称为量化;"

在处理音频的时候因为声音种类的繁多,而人的声音是自然界最重要语音的一种,我们每一个人在说话的时候都会有自己的音调、音色。但是声音产生的原理永远不会改变,那么就是震动产生频率。对于人的发声原理,有很多科学家做了深入的研究,"人在说话时,在声道里会产生两种类型声音。第一种类型声音为浊音,它是由声带振动产生的范周期脉冲所引起,每一次振动使一股空气从肺部流进声道。一般来说,男人的音调周期为5ms—20ms,女人的音调周期为2.5ms—10ms,这是人的声音本质的参数。第二种类型声音为清音,它是由于空气通过声道时,受声道某些部分的压缩而引起。清音的波形具有更大的随机性,它决定着人的声音的音色。清音与浊音相加之幅度决定着人的声音的强度,即音强。"

通过以上分析,我们可以看出,人类的说话都有自己的音频和音高,都和声音的频率息息相关。产生出什么样的音色,取决于在使用声音时你所用各种力量配合的结果,使声带产生的频率。我们每个人的听觉范围,可以接受的频率,最低可以达到20Hz,最高可以达到20kHz。这个所表现的主要是声音的大小即响度,这个和发声体震动的幅度大小。我们常常在说这个人的音色真好,这个人的音色真难听，其实音色的好坏主要取决于混入基音的泛音，从而使得每个声音都具有特殊的音色效果。

以上的声乐艺术和数字化技术的理论研究，可以很好地帮助认识声乐艺术和数字化技术，从中可以发现声乐学习中的很多环节，都可以利用数字化技术很好的辅助之，帮助学习者和教育者更好地认识，声乐艺术学习的过程。如果可以将数字化技术充分的运用到声乐教学中，可以很快的提高声乐教学的规范性、直观性和互动性，也可以大大的提升声乐教学的科学性，可以克服声乐教学中"看不见摸不着"这历史问题，该问题已经困扰声乐艺术教育工作者有上千年的历史了。大家也都知道声乐艺术是音乐艺术的一种表现形式，音乐艺术在艺术种类中，被划分在时间艺术的范畴之内。在朱和平的《艺术概论》一书中对音乐艺术，有过这样的论述："音乐是通过有组织的音符在时间上的流动来塑造艺术形象，传达思想感情的一种表现性时间艺术。"

所以声乐艺术和其它艺术形式一样，不能抹杀掉其艺术的本性，必须要尊重其必有的多样性，不能强硬的要求其一致性，数字化技术辅助声乐教学研究，也必须要充分的尊重这一客观事实。研究中从这一客观事实出发，运用数字技术的科学性，来进行分析，帮助学习者和教育者，从科学化的依据中去寻找其在艺术中的共性特点。

（一）数字化技术辅助声乐学习中视唱练耳

声乐教学中传统的视唱练耳主要分成三个重要的部分："听觉训练、听写、视唱三部分。主要任务是：发展音乐听觉、增强音乐记忆力，培养正确的音准和节奏感；使学生获得熟练的读谱技能及丰富的音乐语汇，能在创作实践中、在演奏（唱）实践中积极地使用听觉。"

从视唱练耳的主要任务中可以发现，声乐艺术中视唱练耳的学习，是最为重要的声乐基础学习环节，声乐演唱中的每个音符，每个节奏，每个音高都是离不开对视唱练耳的掌握，脱离了视唱练耳这一基本基础是无法学习好声乐的。作为一名合格的声乐学习者和教育者，必须拥有良好的视唱练耳功底，如果没有这一基本功底，那么他（她）就不具备，在声乐艺术这条道路上发展的任何潜力。通过以上分析我们对视唱练耳的作用就不言而喻了。

刚刚提到的声乐教学中传统视唱练耳主要分为三个部分：听觉、听写、视唱，这三个部分地训练，是学习者要进入到音乐学习必须经历地过程。听觉训练和视唱训练是入门必须掌握的，听写训练是向专业声乐学习者必须要掌握的，声乐学习者只有做到，将听到的每个音符、节奏都牢牢记住，才可以突破声乐学习里的伴奏的合乐、民间音乐记谱等专业化瓶颈。才可以使声乐技术地造诣达到一个新的境界。

为了更好地呈现数字化技术对视唱练耳教学和训练中地作用，本文将使用一款由 Steinberg 公司研制的 Cubase 5 软件进行分析研究。该软件是由德国 Steinberg 公司开发的，是一款 MIDI 编辑和音频混音软件，它集合许多最新的音乐制作技术，该软件还拥有强大的分析数据功能。"目前，在国内外专业的电脑音乐制作圈中，Cubase SX 几乎是一统天下。具有极高的声誉，其稳定性和功能远远强于美国 Cakewalk 公司的 SONAR。"从该软件的操作界面中我们可以清楚的看见软件中的模拟键盘，这个键盘和平时所用钢琴键盘基本一致。其构建的音准是按照国际音准来建立的。"1939 年在伦敦召开的国际会议，才正式把国际标准音定为 440Hz / 秒。"

通过这一软件产生的音准，不需要高昂的维护费用，只要提前输入好所要演奏的音乐，即可准确地播放出来，而且音准绝对不会出现任何的偏差，这样是非常有利于我国音乐基础训练的普及。其实日本有名的雅马哈电子琴也是根据国际音标原理而生产的，其生产的雅马哈电子琴获得了世界各国的认可。数字化技术辅助声乐中视唱练耳的训练，可以减少显著的减少学习者的学习成本，还可以提高学习者的学习兴趣，并且可以增加互动性，可以使学习者直观的发现自己的问题所在，准确地改正自己的问题，培养耳朵的听觉和辨别能力。该技术的使用可以全面的提高我国音乐素质，并且可以向偏远的山区和农村普及，对音乐老师的素质要求较低。下面教师将分析数字化技术，如何深入到视唱练耳的三个重要训练部分中。

1.数字化技术辅助视唱练耳—听觉分析

听觉训练是对声乐学习者耳朵基本能力的训练，只有掌握好了良好的听觉能力，才可以从事声乐艺术的学习，没有这一基础根本无法从事声乐的学习。传统的"听觉训练的具体方法可以采用纯技能技巧训练，也可以结合各种形式的生动活泼的音乐游戏和模仿练习开展听觉训练。在听觉训练的过程中要做到听、讲、练、示范、比较相结合，要坚持重复性训练，通过不断反复进行重复刺激逐步确立巩固的听觉印象，形成固定的声音概念，提高听觉辨别能力。"而听觉训练在传统训练模式中，主要采用教师弹奏（唱），学生模仿、听、练习和钢琴音准相比较的方法，这一模式对教师以及教学器材的要求都很高，教师必须要掌握良好的弹奏（唱）水平，而且使用的教学主要器材（钢琴）必须经常性进行保养，确保其音准的准确性，如遇到钢琴音准出现偏差时，就对主课老师提出了很高地要求，这样的教学方式，无法获得大面积的推广和传承。传统的听觉训练教学模式也很缺乏必要地趣味性和直观性，参与学习的学生无法直观的，观察到其模仿相似程度，只能凭借教师的耳朵进行细致的分辨。学生是在老师的循序诱导下学习和培养内心听觉。在声乐学习的基础训练中的内心听觉的培养是非常关键的。"内心听觉是做音乐家（包括作曲家、表演家、音乐学家，所必须具有的音乐心理素质。"

在这样的训练条件下，没有人可以保证其训练能够获得良好的效果。而且很有可能造成学习者误入歧途，毁人一生。如果要避免这一问题的出现，数字化技术的引入将会很好地改变这一局面，许多传统训练中问题将迎刃而解，可以使得其培训成本大大降低，教学效率全面提高。而且采用数字化技术，不需购置高昂的音乐器材设备，更不需要进行日常性的维护工作，只需要教育者掌握基本的电脑操作能力，和基本的音乐知识就可以完成最为基本的教学任务。而且其教学用资料可以由最为权威的机构进行编写、审定和制作，统一进行发售，根据不同的教学目的进行分配，这样的推广模式使得对音乐教师的要求也不会像传统教学模式那样高，采用了数字化技术进行辅助教学，可以很好的弥补传统教学中存在的缺乏趣味性、直观性和互动性等的问题。最为重要的是它可以把音准和教学中的误差率降最低点，对与每个从事音乐专业学习的同学来说又是一种保护。当然不是说有了数字化技术就不再需要高水平的教师进行辅导了，这个理解是错误的，因为数字化技术是可以很好的进行辅助和指引，可以让学习者清楚的观察到自己的问题，但是如何进行纠正，这个是数字化技术还无法达到的，因为每个人的发声条件都是不同的，如何进行改正是需要因人而异的，需要具体问题具体分析，而不可能做到千篇一律的。其实数字化技术的引入对于，要进行高层次音乐学习者的指导教师的指导能力提出了较高的要求。当然这一过程的学习将会比传统教学的效率提高数倍。

在进行数字化技术辅助听觉训练这个环节时，可以利用 Cubase 5 软件中的 MIND 编辑功能来进行教学备课，有了这一软件，教育者可以根据自己的需要进行编辑，利用软件的强大的编辑功能，建立一个比较完善的数字化技术听觉训练系统，即练习曲目库。曲目库的编辑，可以根据教学者的需求来进行编排，可以包含听觉训练中，经常使用的各种训练方式和方法，比如说：声乐学习中的七度音阶训练、二度音程训练、三度音程训练、四度音程训练、五度音程训练、六度音程训练、七度音程训练、八度音程训练、变音训练等等。这些训练方式的编辑在软件中都是非常简单的工作。而且这些音的训练也不再局限于钢琴一种音色的训练，还可以包含多种乐器音色的训练，这样的训练还避免了购买各种昂贵乐器的必要性。而且在数字化技术辅助听力训练的过程中，也可以精准敲击出任何的节奏类型，进行编辑以后，可以让每个声乐学生进行模仿，提高声乐学生的节奏感。在下课以后如遇到学生还未掌握，学生还可以把音频用存储设备，拷贝后在私底下进行个人训练，可以全面的提高声乐艺术的自学效率。数字化技术的听力练习方法可以适用于各种时间、各种地点。无需专业的音乐专业人才进行弹奏，方便了我国音乐教育方面的自学能力，节约了培训成本。

听觉训练是视唱练耳中，最为初级的训练，这是对声乐学习者的耳朵进行最为初步的训练，学习者根据自己所听到的乐音，通过自己的发声器官用声乐技巧哼鸣等方式进行模唱，而最后由教师或者旁观者，通过耳朵辨别学习者模唱的准确性。在传统教学中这个过程必须要有两个人，才能够很好地完成这一训练的效果。而利用数字化技术来辅助训练的话，一个人也可以很好地完成这一个学习过程，而且还可以提高其准确性，并且可以把训练的资料进行保存，如有问题还可以进行翻查，遇到问题还可以找专业老师予以解答并纠正。可以说，这样的训练模式大大的提高了学习效率和成本。当然要进行这样的训练是需要一些器材的，但所需要的器材也比较简单，计算机一台和普通话筒一个。有了这些硬件条件以后只需要运用软件编辑一条训练的旋律，然后通过软件的录音功能把自己模唱的声音进行录音，当然最好是使用同步，就算不采用同步也不会存在任何问题，在模唱完成后，点击软件中的分析功能键（如图 3.4），就可以直观的观察到模唱者自己在模仿中的问题：音准、节奏、声波频率等细节。通过这项技术，可以帮助声乐初学者发现其在演唱过程中所出现的细微的问题给予纠正，帮助其完善模唱中所存在的问题，打好内心听觉的基础。数字化技术的使用，可以很快的提供给学习者分析结果，可以很快的提高初学者的音准度和内心听觉。帮助初学者减少其学习过程中的学习成本，少走弯路。

有了数字化技术还可以进行针对性训练，在学习中我们总会听到这样一句话"铁杵磨成针"，这句话就是告诉我们在学习的过程中，需要刻苦地专研和研究，要踏踏实实地进行训练和学习，该训练模式在数字化技术下完成是非常简单而且又便捷的。对于专业学习声乐艺术的学习者来说，前面所介绍的数字化技术辅助技术，对初学者提高学习效率是非常实用的。但只要深入到专业学习中，就需要讲究专业性，要精确的进行训练，通过数字化技术发现问题的所在，就像我们学习中，经常听到的每个声乐老师经常提到："你的小二度音准训练不够，你的小六度和大六度音准不好等等这些类似的话语一样。"这样就要运用到数字化技术的针对性训练优势了。而且数字化技术可以很准确地告诉你的问题所在，这也是前面介绍的实时显示功能。同样地问题：遇到小二度进行时音准时，数字化技术会准确地判断音是偏高还是偏低，或者遇到小六度和大六度进行时音准总会出现多少频率的偏差等等。这些精确的数据可以让专业学习者，果断的做出调整，可以给教师提供判断的依据，专业学习者可以充分的利用数字化技术，无需增加训练成本重复训练的优势，进行多次的重复训练以求达到效果，数字化技术引入听觉训练中可以为勤奋的学习者，提供一个安全可靠的自学伙伴，可以不间断的进行训练，而且其判断自身演唱正确与否也不再只局限于指导老师和自己的一双耳朵，多了一个可靠的辨别工具，这样的训练也就更具有了互动性，对学习者来说就更加具有说服力和科学性。

2.数字化技术辅助视唱练耳—视唱分析

视唱是学习声乐艺术者，必不可少的一项技能，如果一个学习歌唱者，给你一张歌谱，你无法很快的便把歌谱演唱出来，那么你离真正掌握声乐艺术就还有很长的道路要走了。而要学习好视唱，就必须要掌握良好的乐理知识，要熟悉五线谱和简谱，这些学习音乐的基本知识，当掌握好了这些基本的内容以后，才能够开始进行视唱训练，视唱就是将谱子上要表达的音乐利用人身体的发声器官，准确地表达出来。我国的视唱训练分为单声部训练和多声部训练，这些训练主要是为声乐艺术训练，做好识谱的基础，可以满足在声乐学习中的艺术表现需要。现阶段我国的视唱训练，还是比较传统，由老师给弹奏标准音，由学生自己进行读谱演唱，或者由老师弹奏学生跟唱。这种方式已经经历了多年的发展，得到了专业学生的认可。可是这种学习方法和前面所谈论的听觉训练，有很多类似的问题，其学习成本较高；对教学器材需要进行定期维护；不利于学生自学，不利于全面推广；阻碍其全面的发展；不利于学习者发现自己的问题；对指导教师要求较高；并且在学习视唱的传统方法中，学习者必须要掌握一门乐器的使用（钢琴），因为只有掌握了一门乐器，才可能完成必要地视唱自学任务。

如果将数字化技术引入到视唱的教学中，可以马上改变这一系列的问题，而且在其训练中可以避免出现大的误差，也可以增强可视性和互动性，增强其学习过程中的趣味性，避免出现厌学和学习枯燥等问题。如果针对刚刚入门的声乐艺术初学者，他们有的还无法掌握一门乐器的使用，数字技术可以说，是最好的帮手，它可以帮助这些初学者，尽快的提升学习视唱的兴趣，非常有利于声乐艺术的传播和发展。数字化技术在视唱中可以有效的提高视唱学习者的可观察性，可以通过对比分析，发现自己在演唱中的问题，检查出问题的所在，及时的予以更正，并且通过这一技术，还可以进行重复训练，使之可以熟能生巧的掌握好。视唱是歌唱的基础，也是声乐艺术学习中最为重要的技能之一，如果要成为一名好的声乐学习者，绝对不能出现音都唱不准的情况，这样的情况是不能够被原谅的。作为自学的话可以通过软件先制作一条音乐旋律，通过录音进行模拟演唱，通过软件自带的对比功能，可以很快的发现其演唱中，是否出现音准问题和节奏问题。技术的引进可以迅速的提升视唱学习的效率性和互动性。也可以帮助学习者尽快地投入到声乐艺术的学习中来。当然以上所提到的初学者，在学习视唱中对乐器的掌握可以放松的问题，这里并不是鼓励大家不学乐器，因为学习声乐艺术者掌握一门乐器的使用，是非常必要的。数字化技术的引入，可以缓解我国音乐艺术的传播的局限性，提升我国声乐艺术的普及面。

3.数字化技术辅助视唱练耳—听写分析

为什么把掌握听写训练，作为专业和业余的区分点呢？首先作为专业的声乐艺术学习者只有掌握了，听写的能力才可以很好的进行记谱，记谱是声乐学习者必须要掌握的能力。其次听写能力的掌握，对于歌唱者在声乐演唱中，所存在的音准问题自己可以有一个较为正确的认识。而专业和业余的最大区别就是自查能力，专业的声乐艺术学习者是可以进行自查的，是可以很清楚的掌握自己的问题所在的。听写训练"它对培养与提高学生的音乐素质与掌握基本能力有着十分重要的作用。其内容主要有听辨、听唱、听记等几种"。

听写训练的训练内容比较丰富，是每个声乐专业学习者都必须要攻克的基础课程，只有掌握好听写训练，才可能提高自己的音乐鉴赏能力，因为音乐艺术是时间艺术，它所有的声音都有时效性，当你错过了就有可能是永久的流失，比如说在某个山区听见了一首山歌，如果没有良好的听写记谱能力，那么这首山歌不管它有多好听，你还是可能会马上忘记，当你掌握好了听写记谱的能力，你就可以马上的用本子记录下每个音，那么这些音符就记录下了，你所听见的美好的音乐，不会再流失。听写的技巧性作用就应该是很清楚了。听写训练是从视唱练耳学习中，最能够体现专业水准的技巧，每个学习视唱练耳的学习者，要想提高自己的学习深度，都必须要刻苦的进行必要的训练。

既然是听写，那么就一定是边听边写，传统的听写训练，一般为教师弹奏钢琴，给听辩者一个标准音，然后再弹奏一组旋律，让听辨者把所听到的旋律在五线谱上标注出来。当然听写训练并不都是旋律听写，还有和弦、音程、歌曲、节奏、音色听辨等等一系列的听辨内容，而且有着系统的训练手段，比如说刚刚开始要在大脑中存储标准音 a 的音高和区分各种乐器的音色（钢琴、小提琴、大提琴、二胡、笛子等等），然后开始听辨单音、节奏，这是学习音乐的非常基础的基础，要写出它们的唱名，然后进行音程听辨也就是两个音同时弹下，所产生的音响效果。其次进行和弦的听辨再到旋律的听辨，最后训练的结果就是获得听辨歌曲的能力。这就是系统训练的整个过程，这个过程看似简单，但真正要获得这一技术需要相当的毅力和耐心。传统训练中要进行系统的音乐听写，训练成本是比较高的，而且对于师资的要求也是非常高的，前面所谈论听觉训练和视唱训练中的许多传统问题，在听写训练中也是存在的。随着听写训练还没有全面的引入数字化技术，但是在数字化技术引入到听写考试中，这一技术已经获得了大面积的推广，因为随着我国每年学习艺术的学生越来越多，而因此我国每年都有数以万计的学生报考全国的各大高校。最为典型的例子就是山东和湖南这两个艺术大省，每年参加艺考的音乐类考生高达 5—6 万。而在我国湖南地区每年最少都会有上万名艺术考生，参加湖南省内的音乐专业考试，而且因为湖南省要求，每年湖南的艺术考生，都必须要参加由湖南省内组织的艺术联考，只有通过省内的联考的考生才可以参加外省的面试。所以每年的 2—3 月份都会在长沙举办一次艺术联考，而这时因为考试的需要，在进行音乐听力考试的时候基本上要占用上百间教室，如果让我们试想一下，如果要让每一间教室都配备上一台钢琴和一名弹奏教师那是一个多大的工程，那又需要多少的资金呢？并且对有些学生来说也会存在着一些不公平现象。比如当堂考试钢琴的音准的准确性，弹奏教师的水平等等一系列的客观因素，这些因素都很直接的会影响到各个考生的考试成绩。所以湖南省大胆的采用了数字化技术手段引入到考试中来，通过数字化技术的优势，将所要考试的内容，用软件进行编辑，然后在考试时通过数字化多媒体技术，统一播放出来。这一技术的使用获得了湖南省艺术考生的热烈欢迎，而且湖南的艺术类人才，每年都在为我国的音乐事业的发展注入新鲜血液，这也使得我国音乐教育技术的发展更加现代化，更加的人性化。在湖南省音乐专业联考中使用，充分的证明了数字化技术的优势性，也证明了数字化技术进入到音乐教育领域的必然性。现在只是因为考试的需要而充分的利用其优势，但在不远的未来在音乐听写训练方面也会是逐步的扩展开来的。

数字化技术运用到听写训练中来，可以通过数字化技术的直观性和互动性来进行训练，它不但可以直观的看到自己所写的内容和所听到的内容是否一致，还可以边写边唱，在写的同时训练自己的唱名熟悉程度和准确性等等。这样的训练模式不但提升了教学的效率性；而且还可以提升其课堂的趣味性；通过数字化技术的传播性，可以有效的提升学生的自学能力和自学手段；可以帮助节约大量的培训成本；可以有针对性的进行反复训练。这些优势在听写训练中可以得到充分的体现。在进行音乐听写训练中，学习者不再是被动的接受者，在学习听写的过程中，可以根据主观愿望进行学习，也可以进行自我的测评。数字化技术的应用，可以有效的提升我国的声乐教育水平，更可以帮助我国提升素质化教育，有利于全国声乐教育普及。数字化技术给视唱练耳教学带来的直观性、趣味性、准确性、互动性优势。都是现在我国声乐艺术教学中视唱练耳训练所欠缺的，这一技术的全面发展，对实现我国声乐艺术教学的科学性提供了补充与支持。

（二）数字化技术辅助声乐学习中技巧性训练

声乐艺术是一门综合性的艺术种类，专业基础课程（如视唱练耳）掌握是必须地，在拥有了良好的专业基础以后，就要全面的开始声乐艺术学习最为关键的技巧性学习阶段。在这个学习阶段很多人会走许许多多的弯路，声乐学习者一生都在探寻属于自己的最美好的声乐歌唱状态。声乐技巧学习的过程，是整个声乐艺术学习过程中，最难用语言或科学方法表达清楚的，声乐技巧学习是一个非常复杂的过程，在人生的每个阶段教学方法和方式都不一样，而且每个人的嗓音条件都不一样，相应的教学方法也存在着变通性。大致上我们把声乐艺术中技巧学习的人群分为了三种唱法：民族唱法；美声唱法；通俗唱法。

在这三种唱法中，美声唱法在全世界的认知度非常高，特别是最近些年美声唱法，在我国发展的特别迅速。为什么美声唱法在我国发展如此迅速呢？这也是有其原因的"美声唱法包含一整套独特的可操纵的声音训练程序和完美的混合三种发声机能的歌唱方法。美声唱法对喉咽腔及声带机能调节过程是以平衡精确的细节使低声区、中声区、高声区统一起来，而三个声区的统一技能训练出的音域无论多么宽广而使入听不出三个声区衔接的痕迹。"就是因为它的规范性，我国的学院派基本上都以其为基础来进行训练，民族唱法和通俗唱法在进入专业学习时，都要进行必要地美声歌唱技巧训练。所以本文就以美声唱法，来作为数字化技术辅助声乐技术研究的对象，来进行分析。希望可以帮助我国声乐技术训练领域尽快的引入现代化。

美声唱法把歌唱者的嗓音条件都进行了分类，即：男女高音；男女中音；男女低音。而在这些分类中还进行了细分：抒情性男女高音；戏剧性男女高音；花腔女高音；抒情性男女中音；戏剧男女中音等等。美声唱法把人的嗓音条件，进行细分过后，就很方便进行声乐技巧的训练，因材施教针对不同的嗓音条件，都有其不同的要求和方法。比如说男女高音更强调头腔共鸣；男女中音和低音更强调胸腔共鸣等等，这些都充分地说明了美声唱法的规范性和科学性。虽然美声唱法拥有良好的规范性和科学性，但是其传播的方式在我国还一直都采用：一对一口传心授的教学模式，这一模式已经沿用了上千年的历史，虽然这样的模式也在不断的予以完善。不过因为这一模式对导师提出了非常高的要求，传统模式无法有效的排除师资能力的影响，对同样的学生因为师资的差距，而使得不同的学生无法在同一起跑线上同步启动。而且这一教学模式对于学习成本是无法进行控制的，现在我国要找一名声乐导师进行专业指导，最低一堂课程都得花费几百元的费用，精确计算的话，如果从一名初学者到专业学习者再到歌唱家，这笔费用是非常高的，而且现在我国现行的大学艺术类专业收费也都非常高。不是每一个家庭或者个人可以承担得起的。现在我国的音乐从业者也还面临着许多参差不齐的状况，真正可以达到高水平的声乐专业教师，在我国各个地区都是可以屈指可数的，并且传统的教学对于声乐教育者的阅历也有着极高的要求，每个教育者都必须要不断的积累自己的教学经验，才能不断自己的教学质量。这样的现实状况对于我国普及声乐艺术是非常不利的，要全面的普及声乐艺术，只有逐步的减少其教学成本，增强可视性和直观性，加大对声乐从业者的经验培养，提升声乐艺术技巧学习的科学性，数字化技术的引入可能是一条比较好的发展道路。

1.数字化技术辅助声乐学习中技巧性训练—歌唱姿势

每一个声乐学习者，学习声乐的第一堂课，就是学习正确的歌唱姿势。有些时候，在学习者第一堂课进行学习的时候，都不能理解，为什么还要进行歌唱姿势的训练，有的时候甚至会忽略掉。其实在歌唱中正确的使用歌唱姿势，是歌唱的前提，也是歌唱呼吸、发声的保证。姿势的正确与否主要是对发声器官的健康有好处，并保证了获得良好声音的可能性。其实在学习声乐时大部分人都会去看一些，具有代表性的歌剧、声乐表演、戏曲等等声乐表演形式，也经常可以看见许多歌唱家在各种晚会、音乐会中的表现。从中可以知道声乐的学习不能只是技巧的学习，更应该是用具有优异的演唱技巧和优美的歌声，来表达音乐作品所包含的思想感情的一种手段。那么在表演的同时，它就必定需要去塑造各种各样的人物形象，只有拥有良好的歌唱姿势，才可能去全面的塑造人物形象，才可以把声乐技巧完美的体现出来，才可以准确地表达人物的思想感情。从这里我们就可以知道正确的歌唱姿势对于歌唱是多么的重要。前苏联声乐专家捷米采娃说得好："姿势是呼吸的源泉，呼吸是声音的源泉。"

数字化技术的引入可以大大提升学习中的乐趣，加强了对枯燥歌唱姿势学习的趣味性。可以通过数字化技术录像功能，把歌唱学习者在课程中的各种站姿和状态全程录制下来，然后通过多媒体播放的形式转播给学生自己鉴赏，让其发现自身歌唱中所存在的问题。每个学习歌唱的人在刚刚进行声乐学习时大多都会忽略了对站姿的训练。首先需要制作正确歌唱姿势的动画，让学习者可以在上课之前或之后随时提醒自己。什么样的姿势才是正确的歌唱姿势呢？

其实歌唱中的站姿和日常生活中的站立姿势基本是一致的，"艺术来源于生活，但又高于生活"这句话相信大多数人都是认可的。在站姿方面亦是如此。

歌唱中的站姿要更加的规范，更加的要求大方得体、自如朴素、松紧适度让学习者都充满精神，随时都保持着一种积极、兴奋的状态。歌唱者要眼中带情，平视前方，呼吸均匀，两腿与肩平齐，双肩略微后倾，身体不能过于紧张，心胸敞开，小腹、横膈膜根据歌唱需要进行调整，脸部需自然放松，根据不同的歌曲和描绘人物的不同，调整歌唱表情。歌唱表演和练习训练中，都必须要保持良好的精神状态。

在站立时两脚既可以与肩同宽，也可以只是稍微分开或一前一后站立，如果是女性还可以站成丁字步，只要重心可以稳住，人要有一种向上的感觉，这样的姿势就是对的。有一句古话："台上一分钟，台下十年功"。这就是告诉学习者要保持艰苦耐劳的精神，才可以把歌唱姿势和积极的歌唱状态保持好。在歌唱中一定要注意，不要让任何与发声无关的地方出现紧张感。因为这样会直接影响到歌唱中的呼吸和发声。在歌唱中要让自己的气息顺着身体的直线运行，畅通无阻，这样的气息才可以流动起来，才可以把歌唱状态调整到最好。那么在歌唱中有哪些错误的歌唱姿势呢？在数字化多媒体技术下就能全面的展现出来，让学习者可以提前引起高度的重视。

大家都知道一个道理，一个错误犯上无数遍形成毛病后要想进行改正是非常困难的，如果提前进行预防的话，那么在声乐表演中就可以少走一段弯路。比如说：有的学习者，过分的追求高音造成脸部紧张，出现脸部僵硬、下巴向前伸、嘴巴出现歪斜等等影响容貌的表现，作为学习者就一定要引起重视了，有可能是其歌唱状态不对，也有可能是气息上浮等等原因造成，要立马予以改正。利用数字化技术将这些表情，都记录下来让学习者自行观看，或者将一些有过这样问题的学生资料播放给学习者看，引起学习者的重视，让其在声乐学习中可以找到问题的所在，很快地适应舞台表演。有的学习者，在进行歌唱的时候喜欢低着头进行演唱，有的容易出现耸肩、叩着背唱歌，这些都破坏了歌唱中的呼吸管道，破坏了整个歌唱的通畅。容易造成声音发白，压喉头等问题，破坏了气息的流动感。如把这些问题编辑成动画，把当时的歌唱状态下的身体器官，工作状态予以表现出来，让学习者可以很清楚地观测到，这样的歌唱姿势是如何破坏整个歌唱状态的。这样生动的教育可以很好的给学习者以警示，提醒其在学习中避免走弯路。有的学习者，把平时训练和表演分的很开，平时训练的时候就没有任何的手势和动作，但是一到了表演的时候就喜欢在舞台上手舞足蹈，自以为大方得体。其实让观众觉得矫揉造作。而有的学习者呢，在平时训练就不喜欢加入任何的动作，一到了要表演时需要加入动作，就全身僵硬，手和脚都不知道如何去进行摆放。这样的话，就需要运用数字化技术把喜欢舞台上手舞足蹈的学习者录制下来，让其自行观看。然而这两类学习者都需要加强平时训练时的学习与训练。收集各种歌唱家的标准手势与学习者的手势，通过数字化技术进行分析对比，从中寻找到自己的问题，通过刻苦的训练一定可以获得较快的进步。

在歌唱表演中还有许多的问题，比如说歌唱缺乏激情，身体过于懒散、放松，喜欢用脚和手打着拍子唱歌等等。这些不良习惯都需要学习者在学习中去克服，当然有些小习惯自己是无法注意到的。因为有句古话叫做"当局者迷旁观者清"，在克服声乐学习中姿势的问题，这一句古话的寓意是非常明显的。因为声乐艺术是时间艺术，稍纵即逝，所以运用上数字化技术，帮助其记录下详细的数据，让学习者在学习和表演结束后可以细致的观察自己的问题所在。然后就需要学习者和指导老师配合，一起来进行克服，在平时的训练中就要引起足够的重视。数字化技术的引入可以提升矫正错误姿势的效率，可以提高声乐学习的精确度，更可以加快声乐艺术的教学科学程度，可以减少初学者出现错误的机率。

2.数字化技术辅助声乐学习中技巧性训练—呼吸训练

沈湘教授指出："呼吸是歌唱的基础，气息是歌声的动力。"在歌唱中只有拥有好的呼吸，才可以进行准确地发声，呼吸是歌唱技巧中的基本功。呼吸的状态好坏，直接影响歌唱的状态和演唱的质量水平。

人体用与呼吸的器官，主要有鼻、口、咽、喉、肺等器官。在这其中肺是用来存储气息的，在人的胸腔之内，人的呼吸是由呼吸肌肉群来进行控制的，一吸一呼都是肌肉的运动。呼吸技巧中总结起来一共有三种呼吸方法：腹式呼吸法；胸式呼吸以及胸腹式联合呼吸法。胸式呼吸法：是依靠调整胸腔进行气息控制的呼吸方法，这种呼吸发吸入的气息量少而且浅，横膈膜和腹部肌肉无法有效的参加呼吸工作，不能给予歌唱支持，不利于歌唱，在声乐界这是一种错误的歌唱呼吸方法。腹式呼吸法：是通过下降横膈膜，控制腹部肌肉群来完成的呼吸方法。它吸气要比胸式呼吸方法深。但是因为过于深又出现了许多局限性，比如说吸气过深，气息往往缺乏流动性，使得声音集中在胸腔位置，声音音色较为沉闷，声音缺少灵活性。虽然这一方法比起胸式呼吸方法要好，但都对唱歌有不利影响，常常给歌唱者一种有气使不出的感觉。

胸腹式联合呼吸法：该方法是胸式呼吸方法和腹式呼吸方法的综合体，是运用身体用于歌唱的所以呼吸肌肉群共同控制的呼吸方法。现在全世界公认的，使用最为普遍的，正确歌唱方法就是胸腹式联合呼吸法，这一呼吸方法是非常科学的，也是符合自然呼吸规律的呼吸方法。

对比了以上三种声乐歌唱呼吸方法，相信都已经知道了在学习声乐中是非常容易走弯路的，如何正确的给予学习者指引，让其少走弯路，一般老师都会在初学情况下予以多次强调。传统的教学，都是有指导教师，根据多年经验像上面所描绘的方式，给学习者讲述和示范。这样的传授模式缺乏必要的生动性，让学习者理解起来也非常的匪夷所思，毕竟刚刚学习声乐歌唱呼吸的人，都是刚刚接触声乐艺术没有多久的新人。她们还无法理解和想象其呼吸状态。运用数字化技术多媒体辅助手段，再结合上导师的示范和指导可能就会有事半功倍的效果了。通过数字化技术多媒体手段，制作出胸式呼吸法、腹式呼吸法、胸腹式联合呼吸方法的动画效果图出来，而且把每个动作下那个肌肉群在工作的部分表现出来，让学习者有一种身临其境的感受，也可以从中看到胸式呼吸法和腹式呼吸法为什么不适合歌唱的问题所在。通过数字化技术的发展还可以通过，电子测评器实时监测歌唱者肺活量的方式，观察统计在多少肺活量的时候，最适合歌唱，最好的歌唱呼吸肺活量的控制应该是怎么样的一个数值。从中找到每个人最好的呼吸控制点，这样就可以有效的推进声乐学习中呼吸这一最基本的歌唱技巧的规范。而且也可以减少学习者，在进行自学时不会走入歧途，能让学习者少走许多的弯路。

在数字化技术的辅助下，可以清楚的体现歌唱时的呼吸状态，可以用数值的方式展现歌唱呼吸的频率和大小，数字化的方法可以大大的提升歌唱呼吸的科学性，为向大众推广声乐教学的普及性提供便捷的条件，可以逐步地提升声乐教学的普及率，降低学习成本。

3.数字化技术辅助声乐学习中技巧性训练—发声状态

作为学习声乐艺术专业的学习者来说，都知道如果要获得一个良好的歌唱声音，就必须要拥有一个良好的歌唱发声状态，一个好的歌唱发声状态，不是一朝一夕就可以做到的。它是需要许许多多的重复训练和改正才可以做到的。因为发声状态因人而异，不同的声部都有着不同的发声状态。男高音和男中音；以及女高音和女中音等等,这些每个声部都有着自己所要强调的歌唱发声状态。

为了更好地分析数字化技术引入发声训练辅助教学研究，本文以美声唱法中男高音的训练，作为实例进行研究分析。希望通过此研究，为我国数字化技术辅助声乐技巧研究提供帮助。

美声唱法中男高音的培养，一直是声乐教学领域中最有难度的声部。声乐教育界普遍都流传着这样一句话："宁教十名女高音，不教一名男高音。"这也充分的体现了男高音教学的难度性，一名优秀的男高音一般都需要有刻苦钻研的精神和艰苦耐劳的毅力才可以。男高音教学对许多老师都是一个老大难的难题，因为男高音不光是难教，最为重要的是难改，只要一个男高音因为错误的方法，养成了错误的习惯一般很难予以纠正，很容易在一条弯路上走不回来。也可能这样就断送了这名男生的艺术之路。所以男高音的教学是非常具有挑战性的工作。那么如何将数字技术引入到男高音的声乐技巧训练中来呢？在此研究中将技术使用由 Steinberg 公司研制的 Cubase 5 软件进行分析研究，该软件除了可以进行必要地音频录音，制作功能外，还可以进行音频录音的编辑工作，该软件中还有一种设备就是频谱分析仪，可以对演唱者的频谱进行细微的分析，得出规律。"频谱显示器可以将某些声音特性以图形化的方式显示出来，供用户判断是否达到声音的标准的需求，如何继续处理。"

以上我们所说的频谱就是对我们声乐演唱中音频频率的分析，而频率是可以实现数字化技术分析的。"频率在声学测量中是一个基本量，很多声学量都与频率有关，传声器灵敏度的校准，电声换能器频率特性的测量，厅堂音质的鉴定以及信号分析都离不开频率。"

在不同的频率下，演唱者的声音效果也有所不同，比如说 20—50Hz 在这一频率断下进行演唱，声音给听者一种浑浊不清的感觉，但是其声音听起来比较厚重；而声音在 3000—4000Hz 之间时会使声音语言清晰度提高，语言具有穿透力，男歌唱家的演唱频率多在此频率之间。

男高音在进行发声训练时经常会遇到很多的问题，比如说声音挤卡、声音压喉、声音漏气等问题，这些问题会直接从声音音色中表现出来。比如说：声音挤卡。在男高音声乐学习中是最为普遍的现象，最为直接的表现就是，听起来歌唱的声音特别的紧张；音色发亮刺耳；唱高音困难；可以歌唱的音域窄。声音就好像是捏成了一团无法分开，听起来特别的难受。

声音的大小和声带的震动频率并不形成正比，而应该形成一种反比。说明了挤卡的声音状态是缺乏穿透力的。根据音频频率产生效果对比图，我们可以清楚的知道在 1500Hz—2000Hz 之间声音是发闷的，而且还很容易使人产生听觉疲劳。声音挤卡现象在声乐学习中学习者的感受，就是在歌唱时很多不该参与歌唱的肌肉组织，都参与了工作，而那些应该要参与歌唱的歌唱肌肉组织，又没有充分的运用起来。在声乐发声时，演唱者会感觉到胸闷、嗓子紧、下巴和口腔不听指挥的到处乱动。音只要稍微一高声音都挤到一起去了，喉结也不听使唤的上升，这就是典型的挤卡现象。所以要解决这一问题，首先要知道自己的问题，通过数字化技术的分析可以很清楚的，看到这个问题。其次就是要进行专业上的指导，指导教师要一再的进行声乐上放松调整。然后要控制男高音的喉结，男高音的喉结对声音的形成有着非常关键的作用。喉结的上下移动，对于声带的紧张与放松有着最为直接的关系，在进行演唱时声带要处在一个较低的位置上，因为如果过于低的位置声带就会过于紧张，而如果位置较高声带又会过于松，而没有了弹性。其次就是要注意歌唱中的呼吸，要使用胸腹式联合呼吸法给予歌唱最为通畅的气息支持，使得声音可以自由的发出，而不形成阻碍。如果其状态还不稳定时多进行 A+O+U 母音的变换练习，有助于稳定喉头和声带；声音压喉。与声音挤卡完全相反的一种错误的发声方法，就是压喉，这一错误的方法多出现在男高音和男中音的训练当中，男高音声音压喉，就会造成声音低沉无力；演唱者听起来厚重有力，观众听起来声音发闷，就像声音被包裹住一样；高音训练困难；嗓子容易产生疲劳；声音缺乏穿透力。

在演唱闭口音时要获得好听的音色，和具有穿透力的声音，就必须要提高震动频率，而产生的分贝数低，其实也符合了事物的发展的客观规律，闭口音的练习，如果震动频率低，而发声产生的分贝数高。反观 1000Hz—2000Hz 的频率时是符合 O 母音闭口音的音频感受的，声音既要有种发闷的感觉，但其产生的音量又比较适中，不会给人一种听觉上的疲劳感。为什么会产生这一歌唱问题呢？这就是由于在进行演唱时出现了严重的压喉造成的，因为在演唱闭口音时口腔开口较小，而在演唱时又过分的强调了喉结的低位置，而忽略了气息和声音的通畅感。要避免这样的问题出现，就必须要做到在进行闭口音演唱时，声带和歌唱管道的通畅，要对气息进行控制，因为在进行闭口音演唱时，学习者总会觉得其实有用不完的劲，越是在这种时候气息越是要进行细微控制。闭口音练习时一定要注意不要追求大音量，初学声乐艺术者都以为唱歌，就是要把自己最大的音量体现出来，其实这就已经进入到了一个误区，声乐艺术一定要注意事物发展的客观规律，你不能把其破坏掉。闭口音练习因为是闭口进行演唱，那么其演唱出来的声音状态就必定比开口音，要小很多，其振动频率也应该相应的有所提高。如果其反正进行必定会破坏其歌唱状态，形成歌唱错误。最为直接的后果就是产生—声音压喉。通过数字化技术的分析我们可以直接进行问题的深入分析和研究，可以直观的发现歌唱中的问题，

在发现问题后，结合教学经验和声乐技巧理论，予以改正，可以促进歌唱状态的调整。这种互动模式提升了声乐技巧发声教学的效率，增强了声乐教学的科学性。为声乐艺术的推广提供了一个较好的平台。有助于正确的引导学习

者展开自学,少走弯路,错路。为学习者节约了大量的学习成本。声门漏气。
与之声音挤卡和声乐压喉相比,声音漏气也是男高音训练中一个常见的问题,
这一问题的训练是男高音学习中常常被忽略的,因为部分男高音因为嗓音条件
较好,本来用气息演唱就比较少,所以一点点漏气的声音往往在最开始时被忽
略掉,作为指导的老师,有的时候也会以为其状态较为正确而忽视这一问题。
但是到学习者学习到一定程度的时候这一问题就显露无疑了,当学习者真到了
那一时刻想进行状态的更正也是非常困难的了,声门漏气,也就是说在演唱时
声门闭合不够而造成的问题,这一问题本来是在通俗歌曲演唱中常常出现的问
题,在男高音的声乐学习中摄入较少,但并不表示没有,在男高音演唱中如果
出现这一问题,就会有以下几个问题:声门漏气的声音听起来虚弱、暗淡、毫
无色彩,特别有时还能听见细细的漏气声。在男高音的训练中出现这种情况,
主要是不敢用声带发声造成的,也就是声乐教学中常常说的"躲着演唱"。传
统教学中,这一问题的判断需要教学者有着丰富的教学经验,必须要充分的了
解学习者的这个声音状态,才可以做出一个较为正确的判断。而往往作为一些
年轻的学习者和教学者往往会把这一显现忽略掉,并且以为这一的声音就是所
谓的弱音唱法或判断为其他的问题造成的,这样很快就会使学习者误入歧途。

数字化技术在这个时候就可以很好的帮助我们解决这一问题,在以上的分
析中我们可以知道声门挤卡和声音压喉都可以从音频中进行反应,其实声门漏
气亦是如此。通过数字化技术是可以发现漏气的问题的。特别是在数据所说的
"250—500Hz"和"500—1000Hz"着两个主要的频率段都有着明显的区别。
这些生动的图像显示可以为教学提供,对比和参考,为声乐的学习提供辅助。
歌唱中的漏气问题的出现,是因为用声不当造成的,因为怕用声带进行演唱,
就放松了对声带的闭合程度的控制,声乐是带着气息的演唱,而不是不用声带

进行演唱。初学者很容易进入这个误区，而有的教师要学生弱声演唱时，也经常都会出现这一问题。这一问题严重时很快就会被听出来，而且只是轻微的时候，只有资深的声乐教师才可以进行分辨，或者是通过数字化技术才可以直观的观察到这一问题。要克服这一问题，首先学习者树立良好的用声观念，要对正确的声音状态有着良好的判定标准。要具备大胆心细的心理条件准备。不要有任何的在专业学习中常常听到的恐高和恐低心理。这些心理问题都会直接造成声门漏气这一问题。在进行中低音区演唱时，要大胆的使用说话的感觉，来进行调整，不要过多的给声带加力来增加音量。这样只会增加漏气，因为越是在中低音区演唱时声带的紧张度越低，这时再给声带增加过多的力量只会增加其负担，如果实在过多时就会出现气息排出这一现象。反过来在进行高音演唱时，气息一定要给予大力支持，不要去躲，声音一躲开气息就只有往外送出。声音就只剩下气息的声音，声带就完全脱离了气息的保护。这样的歌唱状态很容易对嗓子造成极大的破坏，所以学习者一定要避免出现这些问题。数字化技术的直观性，可以大大的提升学习者对自己状态的信心，也可以随时的予以提醒，可以督促学习者进行自我的检查和调整，根据不同的数值总结经验。全面分析自身唱法的问题所在，找到歌唱问题的根源，有利于学习者克服各种歌唱恐惧心理。

（三）数字化技术辅助声乐学习中声乐表演研究

声乐艺术是一门再创造的表演艺术，即再次赋予音响的动态结构以生命的形式，充满着丰富情态意味的音乐运动。从中我们可以知道，声乐表演是声乐学习中，最为关键的一个环节，它是将声乐技巧、声乐基础全面融合到一起的过程，演唱者要充分的运用自己所掌握的技巧和理论基础，分析作品、演唱作品从演唱者的内心去感受创作者的意图，把歌声从内心中迸发出来，使听众可以从歌声中体验到各种情感。"一名合格、成功的歌唱家，一定是全面的：声音、表演、还需要进行非常全面的训练"。传统声乐表演的学习和训练，大部分都是由演唱者从长期的学习和表演中总结出来的。在社会上俗称"锻炼"。常常会有人给学习者说："多多进行各种锻炼，你就会迅速的成长起来的"。这就是"锻炼"在声乐表演学习中的作用，它可以很快的让学习者熟悉声乐表演的真正的内涵。但是在这其中肯定也会遭受各种挫折，甚至也会有许多的学习者在这些锻炼中失去信心，而中途放弃学习的。当然也不是所有的声乐学习者，都只是通过"锻炼"来进行声乐表演的学习。运气比较好的时候在学习声乐的过程中，也能够遇到传授你表演技巧的导师，通过这些导师的教育，可以使声乐学习者很快的掌握舞台表演的各种技巧，不至于毫无准备的进行表演。当然有一些技巧，在俗语中称为"只可意会不可言传"，这句话在声乐表演中是比较客观的。导师说传授的很多技巧，是需要学习者在日常的声乐学习中：多听、多看、多想、多演才能总结和学习出来的。学习者在表演中，常常会遇到这样一种尴尬的情况，导师已经告诉你，怎么样去进行表演了，但是真正的在进行表演时往往会大打折扣。因为在表演中，还存在这各种心理、环境、生理变化的客观因素，这些因素都是时刻在变化的。一个具备有良好表演能力的演唱者，是需要很长的时间才能够锻炼出来的。传统的声乐表演学习是需要几年甚至几十年才能够锻炼出来的。数字化技术来辅助声乐表演学习，可以迅速的提升学习的效率，弥补声乐表演学习中缺乏：直观性、科学性、互动性等一系列的问题。

1.数字化技术辅助声乐学习中声乐表演—情感训练

"古人所言：'情者歌之根'，情是歌唱的灵魂，是歌词和音符存在的目的。"歌唱中的情感表现，是声乐艺术的灵魂，一个缺乏灵魂的歌唱者，是无法演唱出感染观众的歌曲来的。一首作品在创作中，就已经纳入了创作者的情感，而声乐表演者，把作品演唱出来时，已经是作品的第二次创作，是歌唱者把歌曲创作者的，情感、意图和歌唱者的情感叠加之后而产生的。所以声乐表演中的情感训练是非常关键的，在传统声乐表演学习中，情感训练是缺乏很好地教育手段，导师的传授也只能是杯水车薪。声乐表演者在情感训练时，需要学习者有着良好的乐感和丰富的学习经历，并且有时还必须要有着丰富的感情经历。当然具备有良好的乐感是，学习音乐者必须具备的先决条件。因为乐感是很难通过长期训练获得的，但也不是绝对的，俗话说的好："只要功夫深，铁杵磨成针"。丰富的学习和情感经历，是必须通过后天努力才能够获得的，这需要很长的时间和耐心，传统的情感训练教学，是非常缺乏感染力和互动性的。有的时候只能通过导师的个人经验予以表达，不能很好地调动学习者内心真正的内在感情。

数字化技术的引入，可以很好的帮助克服缺乏感染力和互动性这一问题，可以使学习者，有一种身临其境的感受。在进行情感教学中，可以运用多媒体技术，让学习者多听和多看一些有关的音乐资料，多听一听其他的优秀演唱者对歌曲的演绎，多媒体技术的直观性在这一刻，就可以发挥它的作用了，在这其中在辅以导师的讲解可以让学习者取长补短更快的进步，并从中发现各种问题提升自身对问题的判断力。以歌曲《我爱你中国》为例，这首歌曲是电影《海外赤子》的插曲，歌曲描绘了对祖国大好河山和富饶土地的赞美，利用音乐来传达作者对祖国的热爱和眷念。要唱好这首歌曲首先就必须要具有良好的歌唱技巧，因为这首歌对歌唱者的气息要求比较高，其次就必须要具有发自内心的情感。因为不是每个学习者都出过国，无法真正的体会到海外游子们的那种离乡背井、远在他国的心情，如果只是从自身的角度出发，因为长期生活在国内无法理解到当时那个年代，我国海外游子在外的内心情感。所以通过数字化多媒体技术，可以很好的还原那段历史，可以让学习者切身的体验到那段历史，然后通过不同的音乐家的演唱来分析其中的优缺点，让学习者可以充分的体验到其内在的区别。这样学习者可以慢慢地成长，慢慢地具有感染力，通过其学习的技巧的程度不同，其作品的造诣将会与日俱增。

在这其中还将运用录音技术，将演唱者的声音录制下来，让其和音乐家的进行对比，因为每个音乐家都有着自己的处理方式，都有着自己的情感表达。但是有一点是不会变的，那就是所演唱的作品内涵一定是和作品作者融合而产生的。这是拥有不能改变的。如果予以改变那么他就一定会存在许多问题。有了数字化录音技术，将录下来的音轨和音乐家或导师的音轨进行比较，就可以发现自己在某些细节的问题，通过自身建立一个数字化音频档案，记录下每个阶段的变化，随着理解的更加深入和声乐技巧的熟练程度，其演唱水平在学习者的录音中也会有深刻的体现。可以增强学习者的信心和理解，可以起到事半功倍的效果。

2.数字化技术辅助声乐学习中声乐表演—伴奏训练

伴奏训练是声乐表演学习中必须要掌握的技巧。歌曲中的伴奏能够使声乐的演唱更加丰满，可以使歌声更动人，但是如果伴奏过于单一或者演唱者的歌声无法与伴奏配合上，那么所演唱出的音乐就非常的刺耳和难受了。传统的声乐教学中，伴奏的弹奏往往是指导教师运用钢琴进行的。其过程比较简单，而且学习者也较为适应。但是也存在着一些问题，比如说伴奏的音乐较为单一，没有丰富的音色和歌声相结合。最为重要的就是这样的教学模式中，对声乐教师提出了较高的要求，教师不但需要认真地弹奏伴奏，还需要及时的更正学习者在歌唱中所存在的问题，很影响教学中的学习效率，阻碍声乐学习者的学习进步。也没有办法让学习者很快的适应大型交响乐伴奏和乐队伴奏，这也阻碍了声乐学习中的实用性。毕竟不是所有的歌唱者都之和钢琴伴奏进行合作。在音乐表演中钢琴的伴奏形式是比较普遍的，但在如今社会中，交响乐伴奏和乐队伴奏以及运用伴奏带来进行伴奏的表演过程，是越来越多了。如何更好地适应声乐表演中的伴奏形式的多样性，如何减少课堂上无谓的时间消耗提高课堂教学效率。数字化技术的引入可以很好的弥补这一问题。并且可以加强其互动效果，让学习者，可以很清楚的观测到自己在演唱时和伴奏配合的问题所在。

数字化技术辅助声乐教学中伴奏训练，可以使声乐教学舞台话，比如说大型的歌剧《茶花女》片段第一幕唱段歌曲《饮酒歌》，其描绘的舞会上的热闹、欢乐的场景，只有通过大型交响乐伴奏才可以有所体现，而且这首歌曲的演唱技巧要求和钢琴伴奏要求，都是非常高的，其钢琴伴奏谱，对于钢琴专业的来进行弹奏都是相对较难的，就更不用说声乐专业的教师了。如果采用传统的教学手段对于这首歌曲的训练可能长达4—8节课程，并且其训练中的效率非常低。但是如果运用数字化技术来进行辅助的话，其学习课程将大大缩减。首先可以制作一条《饮酒歌》的钢琴伴奏版本，可以使学习者先对作品进行熟悉，并且可以把钢琴伴奏版本拷贝给学习者，加强课堂下的训练，当进行教学中，可以运用多媒体技术播放伴奏，导师从旁指点。并且可以运用专业软件使演唱者的声音和伴奏两轨进行，在结束演唱后，导师可以给学习者进行细致的分析，分析其中在什么地方出现了那些问题，加强了互动教学。并可以在这其中建立学习档案，能够使教师时刻掌握学习者的学习进度。当学习者对歌曲的熟悉程度已经达到炉火纯青的时候，就可以编辑一组交响乐或乐队的伴奏带，让其熟悉每个乐器的作用，熟悉伴奏和声乐的结合点。并且在这其中指导教师只要对学习者的声乐技巧和方法以及伴奏的合乐技巧进行指导，不用再去担心伴奏的质量等等一些问题，并且也提高了课堂的学习效率，还促进了学习者的自学能力。这一技术的系统化引入可以使的声乐教学中的伴奏教学更具有互动性和直观性。也使得课堂更具有舞台话的特点，实践性更强。

3.数字化技术辅助声乐学习中声乐表演—舞台训练

声乐学习最终的目的就是走向舞台，把自己最为美妙的歌声传递给聆听你歌声的每一个观众。把学习者对歌曲的理解和自身的感受相互融合，自然的传递出来。传统的声乐教学中舞台训练是非常少的，一般都是由专业老师进行"言传身教"，一般教师都是自己给学生做示范演唱和用语言的形式传递给学习者，学习者一般最初都是尽力的区模仿导师的感觉和感受。但是往往也会听到有些学习者，这样说道一到了台上我是在尽量的模仿导师的感受，为什么导师还是要说我做的不对呢？那是因为学习者在舞台上缺乏舞台经验，在平时训练时有些细微的问题，到了舞台上就开始逐步的放大。这些问题在传统教学中是需要学习者自己多多进行锻炼和磨练，经过长时间的磨练就可以慢慢地成长起来。当然在这其中也不乏失败的例子，有的学习者因为自信不够越磨练越没有了学习的劲头。数字化技术的引入可以为学习者创造良好的学习环境，可以为学习者随时创作表演的场地。在家、在学校、在任何的地方都可以进行，也不需要指导老师随时的指导，只需要通过数字化多媒体技术，把导师的演唱过程全程的录制下来，在把自己的演唱过程录制下来，通过软件来进行对比分析，看看自己有哪些地方做的幅度有点过大；那些地方开起来比导师做的还要唯美；那些地方出现了动作与自己的演唱出现了脱节；那些地方因为只顾动作而忽视了技巧等等。这样的过程就像是自己对着一面镜子演唱，来发现自己的问题，但只这比对着镜子演唱更加趣味性，更加的生动，也更加的直观。通过这样的训练，可以增强学习者的自信心，克服舞台的恐惧心理，帮助学习者更快的适应舞台。很快的提升了教学的质量和效率，使声乐教学中的舞台训练更具娱乐性和直观性，节约了学习成本和自学潜力。

三、学前声乐"教"与"学"中的多元现象

每个国家，每个民族都拥有自己特色的音乐，丰富了世界音乐的海洋。如今已是和谐共存的时代，外来艺术大量流入本国，对本国的艺术起到学习，借鉴的作用，声乐艺术也正是如此。在保有中国声乐艺术独有风格的基础上，学习、借鉴吸取外来声乐艺术的营养来丰富自己，修正自己，是现今声乐艺术的发展趋势。

对于外来声乐艺术对我国声乐教育的影响，我们要客观对待。不能盲目崇拜外来西方流派的西洋唱法，丢掉优秀的，丰富的中国传统声乐艺术，照抄照搬外来声乐艺术；也不能全盘否定外来的西洋唱法，排斥外来声乐艺术，单一的发展"中国式"声乐，这是狭隘的想法。教师觉得，应当在保有中国特色声乐艺术的基础上，以学习，借鉴的心态接受外来声乐艺术的精髓，潜移默化的融合到我国声乐唱法上来，将中外文化融会贯通、取长补短、相得益彰，发展提高我国的声乐艺术。

从六十年代，中国与苏联有紧张关系变为断绝关系，在文化上与西方交流甚少，闭关锁国。再到政治风波，谁提到西方文化，就把"崇洋媚外"的帽子扣到谁头上。暂停了与西方经济文化的交流，从何谈借鉴与学习呢？直到八十年代，才开始再次与世界接轨，到了改革开放后，与西方有了正常的交流。所以，对于有着悠久历史文化的西方，我们在不长的时间里，要深入透彻的了解掌握他们的文化还是存在难度的。面对西方音乐文化的进入，中国的民族唱法与西方的美声唱法碰面了，美声逐渐走进了我们的声乐领域，为了达到世界水

平，将我国民族声乐推崇到世界民族之林，我们必然会去研究美声的优点与科学发声技巧，兼收并蓄，借鉴到我国民族声乐中来。这就对我国声乐教育领域提出了新的要求，不仅仅是表面上运用美声的发声概念运用到演唱中国作品这样简单，而是全面的研究美声这种艺术形式，它的文化背景、历史演变、社会背景。

在声乐教学中，老师与学生共同合作，以中西结合的方式，把美声唱法与民族唱法融会贯通。从不少成功歌唱家显现出声乐艺术的发展趋势来看，由美声民族都会唱，到现在最流行的"民美"唱法，都是受外来声乐艺术的影响发展创新得来的。声乐教育工作者们为顺应时代步伐，在教学中，应当拓宽自己的知识层面，不但要纵向发展自己的声乐教育专业，并且要横向研究，尤其是研究美声唱法对中国声乐的影响。思考总结中美唱法的异同，在不同作品中如何准确的处理发声问题、吐字问题以及风格把握的问题。学生在学习的过程中也要孜孜不倦的查找资料、刻苦练习，以便配合老师的教学进度。老师与学生共同探索，研究教学方式方法，在教学实践中，中国作品与西洋作品相结合，通过发声练习与作品演唱逐步解决文化上、语言上、发声技巧上所存在的差异引起的隔膜。例如，在气息运用上，从古至今，中国的演唱方法首要技巧就是掌握气息的运用，气息在歌唱过程中是一直在运动存在的。要求达到"气沉丹田""气沉于底而贯于顶"的境界。老师一直用一个形象生动的比喻来形容气息的重要性，她说："气息就像人们存在银行里的钱一样，如果没有钱，什么都买不到。在歌唱中是一个道理的，如果不能良好的运用气息，发出来的声音是不理想的。"沈湘教授曾经说过："呼吸是歌唱的基础，气息是歌声的动力。"所以呼吸方法的正确与否以及气息的基本训练，是歌唱者要练习的重中之重，关乎着歌唱者声音质量的好坏。

在美声唱法中，人们对气息的要求仍旧很高。美声学派中一直流传着这样一句话："谁懂得呼吸的要诀，谁就懂得歌唱。"这样的观点证明了，美声唱法非常重视呼吸的。世界著名的男高音歌唱家，帕瓦罗蒂他在阐述歌唱气息时说过："掌握不好气息，就无法发出优美的声音，甚至会损毁嗓子。"著名的自然歌唱大师，恩里科·卡鲁索谈到歌唱气息时讲到："音既已发出，就必须想到如何使它正确地坚持住，这就要靠呼吸艺术来完成它了。首先，必须使肺部装满气息。一个音若是有半满的肺部发出的，它将失去半份威力，并且很容易唱不准。为了使吸气正确而又饱满，胸部必须向上提，同时腹部往下沉。然后，在逐步驱送气息的时候形成一个和吸气时相反的动作。这样就能使歌唱者吸进和储存充分的气息，当需要的时候就有足够的气息输出，否则将毁坏全部歌唱。歌唱者虽有完善的音准概念和最好的愿望，仍会经常由于缺乏控制呼吸的能力而唱走了调，或发出没有生气的音。""一旦掌握了呼吸的艺术，学生也就算走上了可观的文艺高峰的第一步……"这些观点无不说明在美声唱法中，气息的重要性。意大利著名的歌唱家 G·L·Volpi 考证过，美声唱法中的呼吸技巧是由中国的气功和印度的瑜伽得到启示后，结合到歌唱中的。歌唱中最重要的要点一气息，在民族唱法与美声唱法中是相通的，所以在演唱方法上结合是科学可行的。近些年，声乐领域出现了许多"民美唱法"的优秀歌唱家，许多作曲家专为他（她）们创作编写了大量的作品。例如，一些民间风情的歌曲，在其中采用了美声中的花腔技巧，女声作品吴伯昌词，陈勇曲《寻找太阳升起的地方》，胡廷江改编的哈萨克族民歌《玛依拉变奏曲》，男声作品陆在易的《桥》《家》《盼》，吉尔格楞作词，乌兰托嘎作曲的《天边》。这些作品经过歌唱家二度创作演唱后，广受大家的喜爱。这对声乐教育界影响重大，教师培养学生的目的是为了毕业后走向社会能够体现自己的价值，一类成为声乐教师，另一类成为声乐演员。毕业后不论是从事什么职业，都要顺应时代潮流，成为社会所需要的人才。声乐界已经呈现多元化局势，各种唱法相继出现，民族唱法、美声唱法、通俗唱法、民美唱法、民通唱法、美通唱法以及近几年刚刚崛起的原生态唱法，声乐教师与学生需要相互配合，在一种和谐的关系中总结方法，站在中国传统民族唱法的基础上，借鉴吸取国外科学先进的演唱方法，走出一条适合自己学习声乐的路。

第四节 学前声乐教学中"教"与"学"的方式创新

由于声乐教学中老师与学生的行为方式和现代各种社会因素，不同程度的影响着声乐教育的发展，寻求一种教学方法来协调声乐"教"与"学"关系的和谐发展是现今必须研究的内容。中国社会科学院历史所的张海晏先生在阐释中国传统文化中"和"的精神，讲到中国"和"文化最终的落脚点就是"和而解"，中国现如今声乐教育事业正在蓬勃发展，所遇到的问题随着规模的扩大越来越多，从协调师生关系入手，依照中国"和"文化的落脚点"和而解"的理论为依托，使师生双方达到一种和谐的关系，一切问题迎刃而解。张海晏先生在《中国文化"和"的精神》这篇文章中提到，《道德经》第四十二章曰："道生一，一生二，二生三，三生万物。万物负阴而抱阳，冲气以为和。"这里的"一"解释为道，"二"指阳气、阴气，"三"指阴阳调和所形成的和谐状态。万物就是有两种对立因素的配合而生。《周易》乾卦曰："保合大和，乃利贞。"解释为：阳阴合德，四时协调，万物孕生，长治久安。"大和"即"太和"，强调的是矛盾的妥协性与统一性。《荀子·王制》曰："和则一，一则多力。"这是说，"和"能带来合力与双赢的效果。在声乐教学中，运用科学方式客观的、全面的协调师生的关系，构建一种和谐的新型关系，让老师教的顺心，学生学的开心。唤醒式的教学方法能够协调声乐"教"与"学"关系的和谐发展。

一、唤醒式教学

在声乐教学中，用一种教学方法教授各式各样的学生，是单一的教学，忽视了教学中学生的存在性，声乐老师根据教学实践总结出来一套歌唱方法进行授课，在这个过程中，老师还要根据学生的个性差异去调节教学理论的说法与实践教法。为什么同样一个老师，教出的学生各色各样呢？正所谓有句话："师傅领进门，修行靠个人。"把学生内心中的小宇宙唤醒出来，培养学生的独立性，运用唤醒式教育，唤醒出学生最丰富的资源，主动性。老师用心灵感应到、关爱到每位学生，学生能感应到教师的心灵，每个学生就会自觉主动的对知识的理解与教师方法的运用融会贯通，这种教学效果是双赢的。

（一）教师的言行能唤起学生的创造性

声乐是一门抽象性的艺术形式，是看不见摸不着的。正确地歌唱方法是要靠科学的训练和正确的理论支撑的，教师在声乐教学中，不仅要范唱，更多的是需要用语言来描述启迪学生。教师的教学言行在教学中起到的作用很大，教学的言行起到师生之间教与学中，信息传递的重要作用。教师需要不断总结教学语言，让声乐教学语言能够通俗易懂，精炼准确的表达出所想的，能够简单明了的指出学生的歌唱问题。教师不但需要有组织教学语言的能力，精确地表达出自己的意思，最主要的是让学生能接受。教师富有情感的言行可以创造出和谐的教学关系，学生上课没有了心理负担，大胆的面对老师，唤起学生上课的积极性，主动的吸收知识。老师想要表达的意思，学生很快就会接受。声乐中常说的，"以情带声"，就是用自身的情感带动声音，从而创造出更美的歌声。如果教师的教学言行没有情感，如何让学生创造出美妙的歌声呢？所以，教师要注重声乐教学中的言行。

1.形象生动的言行示范

声乐学习不像器乐学习那样直观，可触碰，声乐是靠人体自身的调节来"制作乐器"，声乐是靠人的大脑支配人体器官的运用完成的，是比较抽象的，在这种抽象的学习过程中，教师的言行示范是很重要的。形象生动的言行示范，有助于学生的学习。声乐教师不能只会复述一些抽象的，空洞的声乐专业术语，著名的声乐教育家沈湘教授，他曾说过："声乐研究不要搞空洞、繁琐的理论，否则就变成空头理论家了。"教学中尽量做到简明扼要，变抽象为具体，语言锤炼的形象生动，讲出来的语言以及示范出的歌唱动作使学生实实在在的能感觉到，理解透，最后变成学生自己歌唱的自觉行为。当教师提出一个技巧要领时，能够用一种生活当中所能体会到的比喻来形容，甚至配上具体的动作，这样的授课会达到较好的教学效果。学生在一种清晰明白的教学思路下，可以发挥自己的想象力创造出美妙的歌声。例如，呼吸是歌唱的基础，这个要点怎样让学生正确领悟，用一种什么方法让学生掌握歌唱的呼吸呢？用鼻子闻花香的感觉。这个动作是生活当中经常做的，闻花香时是轻松自然地深呼吸。让学生想象以前在闻花香时，身体肌肉是怎样运动的，边想边做，理论与实践相结合。学生就会体会到，小腹在吸气时是完全放松的，边吸边向外膨胀，这一切都是在自然轻松的状态下完成的。这个动作，还可以解释为，就像小时候玩过吹气球，气球就是人的腹部，把气吹进气球里，气球就会鼓起来。当学生掌握了用鼻子闻花香的动作后，唱歌吸气时，便会将意念集中到小腹部位，不再没有意识的呼吸了。这种生动形象的言行解说比起单调的用文字叙述教学术语，更容易被学生所理解。单一的用语言着重强调要点反而起到反作用。就像呼吸这个技巧，如果用专业术语强调：不要用胸式呼吸，要用腹式呼吸。学生不知道腹式呼吸是什么运动过程，胸式呼吸又是怎样的感觉，最后只能导致一个结果，学生不会自然地呼吸了，气息僵硬，不流动。如果是这样的教学方式，会促成老师与学生在声乐教学中配合不顺利、交流不顺畅。老师自以为讲的很清楚明白了，为什么学生仍旧不理解，老师就会认为是学生不努力而失望。学生则会从老师的态度中判断，自我评价：是不是自己太笨学不会，是不是自己不适合学声乐，或是开始怀疑老师的教学能力等等一系列的结论。最后，老师达不到良好的教学业绩，学生越学越倒退。这样的结果是不利于师生的教与学的关系的，师生关系不融洽，教学目的就不能顺利完成。教师需要使用唤醒式的教学方法，用生活中的遇到的例子启发学生，引起他们的联想与创造，运用到歌唱中去。

2.热心亲切的言行激励

声乐艺术的学习是一个时间积累的过程，学科的特性决定了声乐教师与学生需要花费大量的时间、精力相互磨合，共同研究。声乐的学习不能操之过急，要按照严格的训练方式进行练习，但不能保证通过练习后就会立马取得成绩，甚至有的学生学了几年后仍旧"不开窍"，转到其他专业老师门下，方法不一样，又要重新学习，乃至学了几年还不如学之前敢唱，会唱。声乐学习比较特殊，因为它是以人体本身为乐器，不像钢琴，小提琴这些乐器一样，可以不分时间的练习，练坏了可以换新的，或是可以修复到原来的样子。人唱歌是靠声带振动的，一旦出了什么毛病就会影响歌唱者的声音质量，幸运者可以通过医药治愈，严重者则会导致终身不能歌唱。并且，声乐的"乐器"是藏在人体内部的，学生必须通过想象力去联想，揣摩老师讲解的知识，这样的学习与其它学科比较，相对更有难度。教师除了要靠生动形象的言行启发学生，还要用热情亲切地言行激励学生自信的，刻苦的学习，唤醒学生的悟性，创造力，与之达到灵性的碰撞。施穆克（Schmuck，R.）1966 年的研究表明，当学生把他们的教师看作富有同情心时，课堂内的学生之间更能分享喜爱和感情。科根（Cogan，M.L.）研究发现，教师的热情与学生完成的工作量、对学科的兴趣有重要的关系。瑞安斯（Ryans，D.G）1960 年发现，教师富有激励、生动活泼并热心于自己的学生，学生的行为更富有建设性。西尔斯（Sears，D.）1963 年也提出这样的观点：当教师热情鼓励的时候，学生更富有创造性。调查结果也显示学生最喜欢的老师是平易近人，热情，有耐心，亦师亦友，没有架子。声乐的不可见性增加了学生学习的难度，对于老师所讲的知识点不能立即理解，学生无所适从，心理上不平静，会出现紧张，焦躁不安，怀疑等等对歌唱不利的情绪因素，气息与声音不能协调统一在一起，歌声失去稳定感和平衡感。声乐教师对待学生要热情，亲切，用生动形象的言行循序渐进的，深入启发的将学生带进一种和谐的，放松的没有任何心理负担的学习气氛中，让学生在发挥想象力，创造力。千万回避一些挖苦讽刺的字眼，或是大声呵斥，批评学生，使他们失去唱歌的自信与勇气，应当平心静气的，亲切的鼓励学生"不要着急，学习总是有个过程的，不能立刻做到可以慢慢练习。"学生就会放松下来，心情平静没有了负担，尽力按照老师的要求去做，即使还没有达到要求，老师仍要热情亲切的找出他的优点进行鼓励，增进学生的自信心。对待学生不良习惯的时侯，老师应当提出建议，提醒学生改正，但是要顾及到他们的面子，委婉的点出来。一位脾气急躁的声乐老师在给学生上课时，学生找不到头腔共鸣的集中位置，就批评他"没脑子"，并且用手指用力点在学生眉心的地方，大声呵斥道："在这里！在这儿！"把学生的脑门拍红了，从此这位学生再也不学声乐了。由于老师的急脾气导致这位学生终止学习声乐的道路，太可惜了。如果这位老师换种语气，用亲切地态度委婉的提醒学生，应该认真练习，不能偷懒，相信学生会虚心接受老师中肯的建议的。老师热情的态度唤醒了学生的良知，理解到老师的用心良苦，从此发奋图强，积极主动的学习，并且拉近了师生之间的教学关系，互相理解，互相进步。

二、个性化教学

中国科学院院士、美国诺丁汉大学校长杨福家曾说："学生的头脑不是一个被填充的容器，而是一个待被点燃的火种"。这句话说明，不能将学生放置在被动接受知识的位置，而应该唤起他们的主体性和主动精神，尊重他们的个性，发掘学生的智慧潜能。采取灌输知识的传统教学模式致使学生死记硬背，思维不开阔，学到的知识不能灵活运用。怎样才能使学生不但接受老师传授的知识而且学会举一反三呢？这需要教育的方法，教师主张用陶冶与唤醒的方法，抓住一个"情"字，尊重学生的个性，以人为本，用心灵感染学生的心灵，唤起学生的自觉性，主动学习。

"控制"是一些老师爱学生的表现，认为这是对学生负责，这种控制式的教育不但使老师感到累，并且让学生没有喘气的空间，换来的只是学生被动学习。一位少数民族学生会唱许多自己民族的歌曲，声音高亢嘹亮，但是，每次唱高音的时候就容易唱"破"，希望学习一种科学的歌唱方法支撑自己的歌声，解决高音问题，满怀期待的进入学院学习声乐。老师很负责任的把一套发声方法教授给他，要求他严格按照老师讲的去练习。学生唱歌只会用"真声"，所以唱起高音来感到非常费劲，每次唱到高音就"卡壳"。在老师的帮助下，学会了真假声结合，解决了唱高音的困难。老师特别有成就感，便让他练习大量的外国声乐歌曲，时间一长，这位老师把学生塑造成了纯正的美声派。学生再次演唱自己民族歌曲时，已经没有了当初的风格味道。与老师沟通，老师告诉的答案就是："帮你解决了唱高音的困难，完全是归功于美声科学的发声方法，你适合唱美声，不适合唱民族。"但是，学生当初学习声乐为的是解决高音，而不是局限自己只适合唱哪种唱法。从此以后，学生提不起精神，与老师的关系渐渐疏远了，因为他想解决的问题始终没有解决，并且被老师"控制"只适合唱美声。去上课也只是被动的应付了事。

学生的自觉学习是建立在"适合"的基础之上的。不适合的方法，会让学生感到被束缚住了，何从谈自觉学习。尊重学生的个性，因材施教才是唤醒学生自觉学习的方法。沈湘教授的声乐教学法就是具有针对性的，因人而异，因材施教。当他觉得学生把共鸣开的很大、声音太靠后时，他就会告诉学生"向前唱"；

如果他觉得学生唱的太白的时候，他会告诉学生"靠后唱"，针对学生的具体问题，展开灵活性的教学方法，并不是按照一个模子教授所有的学生。当前教育忽视个性、过分统一化的弊端，压抑了学生的个性发展，对学生的学习成长十分不利。我国古代著名的教育思想家孔子提出育人要"深其深，浅其浅，益其益，尊其尊"，即主张"因材施教，因人而异"。所以，以人为本的教育要重视学生的个性差异，因材施教，尽可能地让学生人尽其才，才尽其用。

三、"放手"教学

综上节所述教育者应当唤醒学生的自觉性，进行个性化教育。学生的自觉性一旦被唤醒，自我学习意识就会非常强烈，凭借自己个性化的想象力、创造力为自己设计好学习目标，取得令人惊叹的成绩。教育者只需要站在学生的立场上，保护甚至捍卫学生内心被唤醒的自觉性，主动性，培养他们形成独立思考，独立学习的精神习惯。英国哲学家伯特兰•罗素在《人类为何战斗》之《论教育》中提过："如果我们尊重孩子的权利，那么教育就不再是一种政治武器。如果我们尊重孩子的权利，我们就应当视教育为向学前儿童赠予知识和精神习惯，因为只有掌握这些东西才能形成独立的观念。"培养学生的独立性，唤醒每个学生内心的小宇宙，教育就此实现。夸美纽斯在《大教学论》中认为："人是小宇宙，人自身潜藏着一切大宇宙中的因素，把来到世上的人的心理比作植物或树木的种子，人生来就具有博学、德行和虔信的种子。"他说："人是自然合于领悟事实，合于按照道德律去生存，尤其是合于爱上帝的这三种原则的根柢坚牢地种植在他身上，如同树根深植在树下的土内一样"，"因此我们不必从外面拿什么东西给别人，只需把暗藏在身内的固有的东西揭开和揭露出来，并重视每个个别因素就够了"。

声乐教学中，最好的老师其实是自己，别人再怎么指点，只是起到一个外界提示的作用，归根结底还是需要学生自己自觉地，独立的去练习，去领悟。老师提醒学生唱歌时要把后咽壁张开，至于具体的怎么张，张开是什么感觉，就需要自己去做，去体会。老师不可能把手伸进学生喉咙里进行指导。每个学生的生理结构是不一样的，歌唱方法也就不一样，应该研究探索适合自己的歌唱方法。这需要自己平常刻苦练习，不能依赖老师。想从老师那里寻求一种奇特的歌唱妙招，一点就会，这是懒惰的想法。声乐教学成败的关键是师生之间的"教"与"学"的关系是否和谐，配合的是否默契。老师把学生领进"门"，并且用一种适合学生的方法引导到正确地路子上，让学生自觉主动的按照正确地路子发展。学生在老师正确的教导下，独立的，刻苦的学习。声乐是需要每位学生严格要求自己，一步一个脚印的向前进。

卢梭在他的著作《爱弥儿》中提到："什么是最好的教育？最好的教育就

是什么也不去做。"深思这句话的含义，其实就是倡导教育的目的就是为了不教，全面依靠学生自身的能力，独立学习。老师应当大胆的放手去爱，放手去教，解放学生，同时也是解放老师自己。

四、良性竞争

在个性化的教育方式下，每位学生都拥有着自己最闪光的特点，自我意识的唤醒建立了学生的自信心，促使着学生积极主动的发挥创造力，把自己的闪光点发扬光大。每位学生都是独一无二的，各自有各自的长处，不会去猜疑、嫉妒周围的同学，学会尊重别人，欣赏别人，善于发现别人的优点，弥补自身的不足。在学习声乐期间，导师便提倡自己的学生互相听课，互相学习。一方面是培养善于倾听别人的习惯，做到取长补短；另外一方面，当歌唱者演唱时和坐下来变成听众时的注意力，思维习惯是不一样的。站着演唱时，许多学生的注意力总是集中在自己的声音上，越听声音越唱不好，当做下来，静听其他同学演唱时，注意力由听声音转移到大脑思维控制身体肌肉上来，帮助自己找出错误所在。时刻提醒自己，歌唱不是靠感觉就能唱好的，而是靠清晰的大脑思维控制身体各肌肉的协调，没有丝毫的模糊在内。这样的"教学"方式促成一种良性竞争，带领着大家良性循环，走向声乐艺术的最顶峰。

第六章 基于快乐教学的学前声乐教学创新与探索

第一节 教育学中的学前声乐快乐教学创新

一、教育学对快乐教学的重视

传统的教育片面重视知识技能的学习与训练，是一种训练性的教育。这种教育从成人的视觉出发，把学前儿童本应该是纯粹快乐的教育活动变成一种认真、艰苦的学习过程，引导他们通过努力的学习和训练获得一定的技能。其结果是教育始终跳不出学前儿童围着教师转的怪圈，以学前儿童为主体的教育观难以真正进入教育领域，教师的主观行为起着支配的作用。学前儿童的所感、所想、所为常常并非源于自己对某一事物的理解和认识，而是教师思想和意志的巧妙强加。比如在音乐教育中，对一些歌唱技巧、舞蹈动作的准确性过分追求，使得学前儿童失去了音乐的灵性，身心日益疲惫。即使他们唱得动听、跳得优美、弹得娴熟，却不会用来表达自己的心声，甚至还对音乐充满了排斥和厌倦。这不能不说是教育的一种失败。

可喜的是，在十余年前提出的素质教育这一概念，拉开了我国教育改革由"应试教育"向"素质教育"转轨的序幕。素质教育以学生为主体，重视个性发展和创造力的培养。根据科学的人才观和质量观，通过多年的实践，教育界逐渐摸索出一种变"升学教育"为"素质教育"的行之有效的途径，即愉快教育，更为具体地说，就是快乐教学。快乐教学不同于一般的活跃学校生活，也绝不是简单地唱一唱、玩一玩的问题。它的实质是在教师的引导下，激发学生的学习兴趣和学习自觉性，使他们成为学习的主人。这是一种教育观的转变，是将呆板的、固定模式的教育转变到全面培养人的素质上来，让每一个学生生动活泼地、主动地得到发展。学生学习时，是主动地，高高兴兴地学，还是被动的，愁眉苦脸地学，其效果有着天壤之别。如果教师给学生创造一个快乐的学习环境，极大地调动学生的学习积极性，学生的智力活动就能进入最佳状态，取得良好效果。愉快教育，或者说快乐教学，并不是凭空而降，而是在我国现成教育的基础上，教育工作者根据多年的教育经验，综合各家教育之长，结合我国人才培养的切实需要创造出来的一种教育教学模式。

教师在教学过程中通过采取一系列的方法、技能和技巧使学生在愉快的心境和环境中接受教育，完成学习任务。学前儿童声乐的快乐教学就是让学生在活泼轻松的气氛中以积极、乐观、向上的态度接受声乐学习，在发展中求快乐，在快乐中求发展。我们可以从马克思主义的劳动观中找到实施快乐教学的哲学基础。在《1844年经济哲学手稿》中，马克思将人的劳动区分为两种："异化"的劳动与"自由自觉"的劳动。在异化的劳动中，劳动是外在的东西，劳动者在劳动中并不是肯定自己，而是否定自己，并不感到幸福，而是感到不幸，并非自主地发挥自己的肉体力量和精神力量，而是使自己的肉体受到损伤、精神受到摧残……这种异化的劳动，必然远离审美，背离人的全面、和谐的发展甚至本性。而"自由自觉"的劳动则是"处处都把内在的尺度运用到对象上去……也按美的规律来建造"的劳动。"这种劳动是人的能动的类生活。通过这种生产，自然界才表现为他的作品和他的现实。因此，劳动的对象是人的类生活的对象化；人不仅像在意识中那样理智地复制自己，而且能动地、现实地复制自己，从而在他所创造的世界中直观自身。"根据马克思主义的劳动观，只有按美的规律来建造的劳动才是自由自觉的，教育要避免成为"异化"的劳动，必须摆脱功利性的目的，让劳动者在教育过程中获得自由与快乐，才能真正成为自由自觉的劳动，从而促进人的全面发展。

二、生态式艺术教育的启示

我国美学家、艺术教育家滕守尧在他的《生态式艺术教育概论》一书中，系统地提出了生态式艺术教育理论和教学方法及具体可操作的教材，将生态学的理论和观点引入教育领域。概括地说，生态式艺术教育是从生态的角度来看待艺术教育，以生态学的生态观念为价值取向而形成的一种艺术教育新理念。生态式艺术教育是意在通过以音乐、美术、戏剧、舞蹈等多种艺术学科为载体的综合艺术教育，强调艺术与生活、艺术与情感、艺术与文化、艺术与科学方面多种教育关系；认同美学、艺术史、艺术批评、艺术创造等学科之间的多种教育支持；鼓励艺术与文理科、艺术与哲学、自然等非艺术学科之间的多种教育关联；重视学生与教师、学生与学生、学生与书本、学生与社会之间的多种教育互动，形成一种互生互补和相互支持的有机生态式艺术教育组合，以提高学生审美意识、艺术感觉、人文素养和创造力，使学生具有可持续发展的能力和高级智慧。

生态式艺术教育超越了灌输式教育和园丁式教育。灌输式教育是工业时代的产物，主要靠教师大量给学生灌输知识，以此培养工业时代需求的具有专门知识、得高分的技术人才，但它是以损害学生身心健全为代价的。园丁式教育把学生看成是正在发育中的种子，教师培育只是像给植物浇水那样使其得以自然成长，如同海底石油早已存在那样，只要穿透表层，学生潜力就能像石油那样自动喷发出来，但喷完了也就枯竭了。这种园丁式教育的局限，就在于其认为学生的创造潜力是先天固有的，并且是有限的。而生态式艺术教育则认为学生创造的潜力，只有在先天与后天的相互作用中和师生互动中，才是持续发展的和无穷无尽的。生态式艺术教育正是这样一种师生对话和互动的过程，它鼓励学生探究性地学习，艺术教育不是仅有一种正确答案的课堂，而应该是使学生创造性得以无限发挥的课堂，它是富有个性而开放的艺术课堂。

生态式艺术教育思想主要体现在以下几个转向：（1）由仅仅重视艺术技能的传授转向关注学前儿童的整体生命存在；（2）由重视知识技能的传递过程转向研究学前儿童的感性生成、理解和反思过程；（3）由有限性的知识把握转向无限性的人生理解；（4）由单纯的集体性教学转向重视学生的个体发展、个人选择、个人参与、个人创造。

快乐教学崇尚的正是生态式艺术教育的思想，充分尊重和顺应学前儿童的自然天性，提倡让学前儿童去探索和发现音乐的奥秘，打破原有单纯的统一学习、同一理解的高结构化的传统教学理念，为学前儿童提供多种自主选择的机会，并把学前儿童对音乐的自我表现放在首位。在这种教学过程中，师生双方是人与人的关系，是一种双方在音乐艺术世界中的相互对话、包容和共享的关系。音乐教育就是在师生的接触、交流和碰撞的过程中，使学前儿童逐步认识音乐、把握音乐、养成对音乐的积极态度，从而帮助儿童逐步认识人生、把握人生、养成对人生的积极态度。

第二节 心理学中的学前声乐快乐教学创新

一、学前声乐教学应遵循学生心理规律

要做好教育工作，就必然要遵循客观规律，按照客观规律办事。教育工作领域所要遵循的客观规律，主要有两个方面：一是社会发展的规律，即要按照社会发展的要求来办教育。社会发展离不开作为第一生产力的科学技术，发展科学技术必须依靠教育，因此，教育必须主动为适应社会的经济、文化、科技发展服务。二是学生的心理规律，因为教育的对象是人，人都有心理活动。教育过程就是一个塑造和发展受教育者的心理的过程。心理活动是有规律的。在教育方针和目的明确的情况下，教育内容的组织，教材的编排，教育方法的选择，都离不开对学生心理活动规律的研究。"对于从事指导学前儿童唱歌训练的人来说，重要的一点是对学前儿童的心理要有深刻的理解。"指导成年人的声乐与学前儿童的声乐有很大的不同。成年人有学习的目的性、主动性，而学前儿童对如何用美好的声音来歌唱是无所谓的。追求美好的声音更多代表的是家长和老师的愿望，如果不考虑学前儿童的天性和心理规律，而硬把成人的愿望强加给学前儿童，这往往是教育失败的开始。在学前儿童声乐教育中，如何观察他们的言行，分析他们行为表现上的变化，培养他们的道德品质；如何向他们有效地传授知识，发展智力，增进其身心健康等等，都要求我们对学前儿童心理发展规律和特点进行研究。

实际上，早在几千年前，我国古代的哲学家、思想家就已经涉及了音乐学习心理的若干问题，并根据不同的年龄阶段的生理与心理特点安排相应的音乐教育内容。西周礼仪制度的典籍《礼记·内则》中有这样一段文字："十有三

年，学乐、诵诗，舞《勺》；成童（十五岁），舞《象》，学射御；二十而冠，始学礼，可以衣裘帛，舞《大夏》。"这段记载说明早在西周时期的礼乐教育制度中，就已经根据不同年龄阶段安排不同的乐舞教学。宋代理学的代表人物朱熹与程撷均重视音乐教育。程撷认为在少年学前儿童教育中加入"洒扫、应对、事长之节"等内容的歌曲，并配以舞蹈动作，可以激发学前儿童的学习兴趣，起到深入浅出，易于接受、寓教于乐的作用。朱熹在其《大学章句·序》中曰："人生八岁，则自王公以下，至于庶人之子弟，皆入小学（朱熹将学校教育分为小学与大学两个阶段），而教之以洒扫、应对、进退之节，礼、乐、射、御、书、数之文。"

特别值得一提的是明代哲学家、教育家王守仁，他以学前儿童心理特征为出发点，将教育比喻为"时雨春风"，提出学前儿童音乐教育应德育与美育并重，注重音乐的情感教育，主张潜移默化地激发学前儿童的学习热情。《训蒙大意示教读刘伯颂等》云："大抵童子之情，乐嬉游而惮拘检，舒畅之则条达，摧挠之则衰萎。今教童子，必使其趋向鼓舞，中心喜悦，则其进自不能已。譬之时雨春风，沾被卉木，莫不萌动发越，自然日长月化；若冰霜剥落，则生意萧索，日就枯槁矣。故诱之歌诗者，非但发其志意而已，亦所以泄其跳号呼啸于咏歌，宣其幽抑结滞于音节也。"这段话的大意是，学前儿童本性喜欢游乐，怕拘谨约束。教育学前儿童应该因势利导，鼓舞促进，才能顺利发展，茁壮成长；如果摧残阻挠，就会萧索枯槁。王守仁所提倡的教育方法，其宗旨是使学前儿童乐于学习，在乐中学，这种思想与当代"快乐教育"有着异曲同工之妙。

但是，真正科学地按照学前儿童心理发展本身的规律客观地划分发展阶段，到目前为止还没有恰当的解决。结合生理年龄的自然阶段，发展心理学家按照个体心理发展的年龄特征把儿童心理发展的划分如下：乳儿期（从出生到满1

岁，其中出生后的前四周为新生儿阶段），婴儿期（1—3 岁），幼儿期（3—6 岁，或称学龄前期），学前儿童期（6， 7—11， 12 岁），少年期（11， 12 —14， 15 岁），青年初期（14， 15—17， 18 岁）。如果相对于我国当前的 学制分期就是：3 岁前婴儿期为先学前期（托儿所），3—6，7 岁为学前期（幼儿园），6—7 岁—11，12 岁为学龄初期（小学），11，12—14，15 岁为学龄 中期（初中阶段），14，15—17，18 岁为学龄晚期（高中阶段）。以上可以说 是社会约定俗成的结果，当然也在一定程度上反映了学前儿童身心发展的客观 规律和社会教育的要求。

我国目前推行的学校教育基本上分为幼儿、小学、中学、大学四个年龄段。 在学习声乐的过程中，每一个不同的年龄阶段均呈现出各具特色的心理特征。 根据每个年龄阶段声乐学习的心理特征具体安排声乐教学形式乃至内容，是每 个从事现代声乐教育的工作者应该关注的课题。教师认为，声乐学习心理的内 涵不仅包括一些声乐本体方面的内容，还应该结合与声乐息息相关的其他艺术 形式，如诗歌、舞蹈等，从而培养和提升学生综合审美能力。声乐教育工作者 应该根据不同年龄阶段音乐学习心理特征去营造最佳的声乐学习心理结构。

二、学生声乐学习的心理特点分析

总结起来，这一时期，他们的大脑结构与机能得到突出的发展，神经系统 进一步完善，感知觉（包括听觉、视觉等）得到迅速的发展，是增长知识的重 要阶段。学生的无意记忆占主导地位，有意记忆逐年增强，学前儿童擅长具体 形象记忆，仍然是无意注意占主导地位，有意注意逐渐完善。学生的思维方式 开始由具体形象思维向抽象思维转化，其想象力随年龄增长日渐丰富。学生的 道德情感体验的内容包括荣誉感、羞耻感、责任感、义务感、集体主义情感等方面。学生的情绪表现形式从外露转向内敛。学习兴趣随着入学参与学习活动逐步培养起来。学习兴趣是学前儿童对新事物的一种积极的认识倾向，这种心理倾向鼓励学前儿童采取积极行动去探求新知识。

瑞士著名学前儿童心理学家皮亚杰在 1955 年发表的论文《学前儿童和青少年的智慧发展阶段》中指出，学前儿童的认知发展处于具体运算阶段。具体运算阶段具有以下几个特点，思维运算离不开具体事物的支持，只能对当时情景中的具体事物的性质和各事物之间的关系进行思考，思维对象限于显示所提供的范围。在认知发展上，这一阶段的学前儿童已经产生。

学前儿童的审美态度处于写实阶段，当代美国著名的学前儿童审美心理发展专家 H·加德纳（Howard Gardner）在其"儿童艺术品知觉发展的阶段论"中指出，7—9 岁是儿童"写实"主义的高峰。学前儿童不仅继续直接通过艺术品看它们表现什么，而且这种僵化的思维方式严格而全面地充满了所有的评价尺度。因此，他们评价声乐作品的标准是声乐作品所刻画的艺术形象与现实生活中的实际形象是否相像。加德纳指出，那种在学前儿童的审美感知方面所表现出来的"拘泥于字面意义的高峰期"的"写实主义"的特征到这个阶段开始自然地分解了。由于他们已经清楚地掌握了自己的语言规则和文化中的其它符号系统，所以，现在已经到了超越对字词、歌曲等的字面阅读，而代之以对这些符号的富于含义方面特征的较多关注和对字面意义关注的减少。

随着年龄的增长，学前儿童听觉、视觉、运动觉等得到显著发展，学前儿童的音高辨别能力也逐步提高。本特利 1966 年做的一项测试表明，大多数被测试的 7 岁学前儿童能分辨出一个 440 赫兹的音和一个与之相差 12 赫兹的音（四分之一音）的音高差别，而被测试的 12 岁儿童大多数能分辨出八分之一音的音高差别。这说明在儿童时期，音高辨别里是随年龄的增长而提高的。基尔巴特所做的实验结果也表明，学前儿童的音高辨别力随年龄增长。随着歌唱音域、旋律能力、身体协调能力、记忆力、语言能力等各方面的共同发展，从幼儿至学前儿童的歌唱技能也得到了显著的提高。在声乐技能方面，随着年龄的增长，音域也随之扩大，幼儿至小学低年级学生声乐技能的获得主要是通过游戏的方式。在游戏中边歌边舞，配合身体动作，并借助语言这种媒介，而逐渐得以发展。

了解学前儿童在不同年龄阶段的心理特点，以及在这些年龄阶段音乐能力发展的特点，对于学前儿童声乐教育具有重要的指导意义。学前儿童学习声乐，不论是学习声乐的基础知识、基本技能，还是进行声乐表演，心理活动都是非常活跃的。声乐教师如果能了解学前儿童学习的心理规律，选择适当的教学方式，就能有效提高教学质量。

三、学前声乐快乐教学的心理学基础

现代教学方法都强调情绪在教学中的作用，这是符合心理学基础的。英国教育学家斯宾塞说："快乐的情感状态是比冷淡或厌恶的状态远远有利于智慧活动的。"大量的实验证明，情绪愉快则感知比较敏锐，记忆比较牢固，思维比较活跃。反之，消极的情绪则会阻抑认识活动的开展。情绪对其他心理活动具有组织的作用，情绪的组织作用包括对认知活动的促进或瓦解两个方面。一般来说，积极的情绪起协调、组织的作用；消极的情绪起破坏、瓦解或阻断的作用。在所有积极的情绪当中，快乐可以说是一种最主要的正向情绪。快乐的产生源于人们生理、心理及社会文化生活等方面的需要得到满足。声乐属于情感艺术，因此，积极的情绪在声乐教学方法中的作用，比在其它学科中显得更为重要。正如柯尔伯格、吉利甘和维果斯基所指出：没有某种情绪因素就不可能有学习，不能想象没有情感如何进行声乐教学活动。快乐的情绪会产生适度的兴奋感，而适度的兴奋往往有助于学习，因为它使个体变得敏捷、活跃，注意力集中。学前儿童在声乐活动中的快乐可以概括为以下三个方面：（1）参与活动的快乐，指声乐活动的内容、形式、方法等符合学前儿童的生理、心理特点，他们能在活动中获得快感；（2）自我实现的快乐，指学前儿童在参与声乐活动中被教师、同学肯定时所获得的成功与自信的快感；（3）审美快乐，指儿童在声乐活动中获得的一种审美感受时产生的快感。

新课程观要求我们"真正把美育作为目标，体现以审美为核心"。从心理学的角度来说，审美性的声乐活动是人类健康成长不可或缺的精神活动。正如马克思曾经说过，人之所以审美和从事艺术活动是"出于同春蚕吐丝一样的必要，是他的天性的能动的表现"。学前儿童也时常会表现出人类的这种原始欲望，毫无疑问，快乐的学前儿童声乐教育能充分满足他们的精神需求，成为他们健康成长的重要精神食粮之一。皮亚杰的认知发展心理学理论告诉我们，学前儿童的认知水平正处于具体运算阶段，虽然在这个阶段他们具有较大的艺术潜能，但仍不具备接受系统知识教育和技能训练的能力。虽然学前儿童天性喜爱音乐，但由于思维水平的限制，还不能将声乐当成有目的、有意识的学习活动。正如他们热衷于追求游戏过程的快乐一样，他们只是为了在声乐活动中能获得快感和成就感才对声乐学习如此坚持。因此，学前儿童的声乐教育应该具有游戏一样的特点，给他们带来快乐和满足，才能成为他们的需要。快乐的学前儿童声乐教育不仅能满足学前儿童的人类心理本能需要，更符合学前儿童成长阶段所特有的心理发展水平和规律。

第三节 学前声乐快乐教学的探索

一、学前声乐教学的再认识

（一）对学前儿童声乐教学目的的再认识

教学方法是紧紧围绕教学目的这一指导思想的。只有用有效的方法进行有目的的教学，才能取得积极的效果。

1.对学前儿童声音训练的再认识

培养学前儿童唱歌本是一项很有意义的活动，不仅能陶冶情操，形成积极的人生观，而且还可以训练嗓音，养成科学的说话和歌唱习惯。目前家长对学前儿童的培养力度日益增强，参加语言和英语课外培训班的学生数量激增，而这些活动都增加了学前儿童声带的负荷，如果不能掌握正确的发声方法，大声喊唱就容易造成声带损伤。越是期望学前儿童将来获得大音量和富于充实感的歌声，越是要让他们注意嗓音的保护。因此，要让学前儿童从小养成良好的发声习惯，做到以下几点：

（1）口腔的肌肉应放松，呼吸要均匀，声音要轻松、饱满、自然、流畅、音域不要过宽，音量也要适中；

（2）保持正确的姿势：胸部稍挺，小腹微收，两肩平放，头要端正，眼要平视；

（3）学前儿童歌曲的选择要适合学前儿童的生理和心理。如果让学前儿童唱成人歌曲，会造成声带负荷过重，日久造成声带损伤、水肿甚至长小结。

一般来说，4，5岁学前儿童唱的歌曲的音阶在一个八度以内就可以了，即从小字一组的d到小字二组的c之间；6—8岁的学前儿童，可以唱8—11个音阶，即从小字一组的 c 到小字二组的 e 左右；

（4）学前儿童在学唱歌的初期，尽量避免边跳舞边高声唱歌，这样做会使吹开双声带所需气流压力增大，容易使声带边缘受到剧烈摩擦而造成损伤，若必须载歌载舞的话，表演动作不应过大，歌唱力度不宜过强，活动时间更不宜过长；

（5）歌唱环境应保持清洁卫生，尽量减少粉尘，减轻声带的负担，歌唱前后少吃刺激性食品。

只有从小就养成良好的嗓音保健与发声习惯，才可以安全度过变声期，才能使嗓音永葆青春，唱出更多更美的作品。

2.对学前儿童声乐教学目的的再认识

美国歌唱教师协会曾出版过一个小册子，其中列举了 12 项唱歌的益处，是迄今见过的较为全面的总结：

（1）歌唱对健康有益。它可以促进深呼吸，从而使肺部得到发展，并清洁了血液；

（2）歌唱促成了好的身体姿势和形体动作的优美；

（3）歌唱有助于面部表情和思维的活跃；

（4）歌唱可以增强性格的沉着和自信心，并发展对于克服困难的精神；

（5）歌唱可以改善一个人的讲话能力，丰富言谈的音调并改善其读音；

（6）歌唱可以增强记忆力与锻炼思想集中；

（7）歌唱通过对诗和散文的深一层认识,可以改善对语言文字的领会能力；

（8）歌唱发展了对声乐艺术的欣赏能力；

（9）歌唱促进了对一般音乐的兴趣，特别是声乐作品；

（10）歌唱通过对一种理想的探索，而有助于个性的形成；

（11）歌唱有助于情感的通畅，这是形成个性表达的一个重要因素；

（12）歌唱是一种自娱的方式。

我们在一方面肯定歌唱给我们带来积极影响的同时，也不能否认一些颓废的、低俗的歌曲所带来的负面作用。尤其是学前儿童，好奇心强，知识面窄，分辨善伪的能力不强，对事物的判断还不够理性，在没有形成正确的审美意识之前，很容易被这类音乐所侵蚀。因此，我们应该在儿童的成长过程中，不断地用积极向上的童谣或优秀的民族民间歌曲来引导他们崇尚美，追求美。

在此，有必要借对学前儿童声乐教学目的再认识的话题，来探讨民族音乐传承的问题。回想过去几年的声乐教学中，发现很多福州和闽南的学生不会说家乡话，更不会唱家乡的戏曲和民歌，这是一个值得关注的现象。重视本民族音乐文化传承已成为近年来国际音乐发展的趋势，只有民族的，才是世界的。去年韩国向联合国教科文组织申报端午节成为其文化遗产，曾经让国人感叹在世界经济全球化步伐不断加快的今天，世界各民族文化却背道而驰，逐渐走向消亡。中国文联副主席、民间文艺家协会主席冯骥才曾经说过这样一句话："在我们快速融入世界而文化重心发生倾斜的时候，如果没有'唐装'与'中国结'，我们从哪里去寻找心理重心？从这点上说明民间文化对一个民族的重要性有多大。"

民间文化是民族文化传统中的重要组成部分，包括民间舞蹈、民间歌曲、民间杂技、民间美术等等。民族民间文化的保护，在任何时代都是重要的。中华民族之所以能够屹立于世界民族之林，就在于拥有了真正体现鲜活民族精神的、在人民群众生产生活实践中创造的文化。党的十六大特别提出"扶持对重要文化遗产和优秀民间艺术的保护工作"。民族民间文化"可以兴，可以观，可以群"，它具有振奋精神、鼓舞人心的功能，是中华文化的基础和重要组成部分，也是维系中华民族精神与情感的纽带和传承中华文明的重要桥梁。它对弘扬民族精神，增强民族的凝聚力和向心力，维护国家统一和民族团结，推动经济发展和社会进步具有重大的历史意义和现实意义。

学前儿童声乐教学在民族文化的传承中大有可为。我们可以充分挖掘丰富的乡土音乐资源，选择学前儿童生活其中，耳濡目染的乡土化、本土化音乐，如山歌、闽剧、畲族的竹竿舞、闽南的高甲戏等，构建反映学前儿童生活的地方音乐教程，运用他们喜闻乐见的教学方式，使学前儿童逐步了解本地区、本民族的音乐文化。

二、学前声乐快乐教学的全新构筑

（一）情感快乐教学

这里所说的情感，一是指教师与学前儿童之间的情感，二是指声乐作品本身所具有的情感。"学前儿童是感情的王子，对学前儿童的教育是从感情开始的。"学前儿童来学习声乐，带来了他的情感和对外部世界的感受，是有思想有感情地投入到声乐学习中去的。在整个声乐教学过程中，始终贯穿着教师与学前儿童的情感交流，如果不把积极的情感交流放在首要地位，就不可能达到良好的教学效果，实现既定的教学目的，更谈不上快乐教学。

加深教师与学前儿童之间的情感，教师应该起主导作用。学前儿童在上课前常常会向教师描述近来的学习生活，包括他们取得的成绩，遇到的苦恼等等，教师从一开始就应该耐心倾听，积极热烈的回应，让学前儿童感到教师是真正关心他们的成长。例如，一名6岁的学生一进门就兴高采烈地说："老师，我这次少儿剑桥英语比赛得了第二名。""你真是太棒了。"我激动地说，一把将他抱了起来。随后，我迅速回房间拿了一张精美的小书签送给他（为鼓励小朋友取得的哪怕是很小的进步，我常常会准备一些小礼物）。礼物虽小，但这个孩子在接下来的整堂课中都兴致勃勃。每次课后，都与家长进行交流，了解学前儿童近期的心理动向、课后对所学知识的复习和掌握情况等，‘这对教师安排和调整新的教学内容也是极有帮助的。针对于家长就某个问题的咨询，都会细心解答。教师在平常的教学活动中，尽量做到从细微处着眼，让学前儿童感受到老师对他们的关心。记得有一次，一名学生在学校上体育课喊哑了嗓子，家长又因为太忙耽搁了一个星期，造成学生声带损伤。专程带着家长和这名学生去就医，因为小朋友不适应在喉镜下检查声带，折腾了大半天才完成整个检查过程，教师自己的事情也因此耽误了。但这是值得的，因为感情是双向的。热爱学生的老师才能赢得学生的热爱。学生喜欢老师，就愿意配合老师，按照老师的要求去做，把他们对老师的情感转移到学习生活中，学起来也就快乐。心理学研究告诉我们，儿童最突出的一个特征就是模仿，如果教师在学前儿童心目中是可亲、可敬、可爱的，就容易成为他们模仿的榜样，教师也就便于用自己的行动来影响他们、教育他们。此外，声乐教学过程是师生之间互动的过程，面临的是共同的教学目的，从这个意义上说，师生双方是平等、合作的关系，只有互相理解、互相配合，互相尊重，学前儿童在学习中的主体地位才能尽早确立。而这些也是建立在师生情感的基础上的。

快乐的情感是提高学习效果的重要条件。只有情感处于积极的状态，有机体内部才会协调运作，歌唱者才会心情舒畅的学习。声乐作品本身的感情色彩对歌唱者的情感是具有极大影响力的。比如，在民族存亡的生死关头，《义勇军进行曲》《松花江上》等歌曲曾激起中华儿女的强烈爱国主义热情，鼓舞他们毅然走向抗日救亡的前线；新中国成立初期，当唱起《决乐的节日》《让我们荡起双桨》时，就会让人联想起学前儿童在阳光下舒心的欢笑、歌唱的情景，对祖国无比热爱的感情油然而生。因此，对于身心处于发展时期，对新鲜事物都带有美好向往情感的学前儿童来说，教师更应该选择一些通俗易懂、乐观向上、欢乐、自豪、富有朝气、符合他们年龄特征和情感体验的作品作为教材，这样他们学起来才会轻松，才会快乐。缠绵悱恻、晦涩、低沉的作品只会对学前儿童的情感产生消极的影响。

歌唱是通过声音来表现情感的艺术。具体地说，一首声乐作品是通过旋律、速度、节奏、力度、音色等演唱要素直接表现情感。学前儿童因为受年龄、生活体验以及音乐知识的局限，不可能准确地理解每首作品所带有的感情色彩，从而也就无法把握好各个演唱要素。这就有赖于声乐教师运用各种技巧和手段，将作品的情感全面、正确地演绎给学前儿童。也就是说，声乐教师在这一过程中，不但充当着声乐指导的角色，更承担着歌唱演员的角色。在决定一首歌曲作为教材的时候，教师首先要对其反复揣摩，一方面寻找音调言语、旋律形态、速度、节奏，字的韵味的美感，另一方面，要分析、感受歌曲的情绪，因为情感体验越深刻、越丰富，演唱就越真切，感染力就越强，教师的范唱也就越能感动学前儿童。

在范唱的过程中，教师一方面要通过丰富的面部表情、音色的变化、力度的对比来展示歌曲的情感，另一方面，教师要仔细观察学前儿童的情感变化，看他们是否被歌曲所打动，是否融入到歌曲所带给他们的意境。只有引起学前儿童共鸣的歌曲，才是适合他们的教材，才会引起他们学习的兴趣，他们才会快乐地学习。例如，教师为一个6岁且活泼好动的小朋友选了一首《我爱妈妈的眼睛》，尽管范唱满怀深情，连家长也为歌声所感动，但细观孩子的反应，却显得淡漠，因为他还没有此类情感体验。教师改换另外一首活泼、跳跃的《小鸟，小鸟》时，孩子的反应则截然不同，跟着老师的歌声眉飞色舞，手舞足蹈。

旋即决定采用这首歌作为教学内容，收效甚佳，整个教与学的过程是互动的、快乐的。

《我爱妈妈的眼睛》是已故人民音乐家施光南为孩子们写的一首歌曲。全曲分为两个部分，第一部分（1—16 小节，含两个完全重复的部分）；第二部分从衬词"啊"开始，进入高音区，将全曲推向高潮，变化重复第一部分进入尾声。这首歌曲的演唱特别要求情感的投入，因为作曲家用简洁精练的音乐语言，描述了孩子们在不同的环境下，得到妈妈眼睛温柔的抚爱、诚实的鼓励和深情的关怀。歌唱的速度是中速偏慢的，这就要求气息的控制平稳均衡。歌曲的曲调起伏波动不大，但歌唱的连贯性很强。对孩子的咬字吐字提出较高的要求，如果孩子们对这首歌的情感体验不深，是无法表达出对母爱真挚感情的。而《小鸟小鸟》是选自学前儿童影片《苗苗》的插曲，描绘的正是学前儿童蓬勃向上的精神面貌。整首歌曲旋律流畅起伏，节奏活泼轻快，仿佛小鸟在蓝天自由飞翔。这首儿歌结构分主歌和副歌两部分。主歌里不断出现的休止和附点音符，生动地描绘出小鸟在阳光下、树林里、湖水边、山岗上扑闪扑闪的形象。副歌是歌曲的高潮部分，衬词"啦"要唱得抑扬顿挫，或弱或强，或重或轻，这符合孩子们的天性，所以容易产生兴趣，唱起来特别欢快。

（二）语言快乐教学

这里所说的语言，一是指教学语言，二是指声乐作品本身的语言。教学语言是实施教学的重要手段和工具，它不同于一般的日常生活语言和工作语言，要求具有很强的艺术性。关于教学语言艺术的意义，我国古代教育史上早有论述。孟子曾说过："言近而旨远者，善言也；守约而施博者，善道也。"孔子论述："善歌者，使人继其声。善教者，使人继其志。其言也，约而达，微而减，罕譬而喻，可谓继志矣。"上面两段话的意思是说教学的语言，要令人容易理解，言简意赅，做到虽精少却能表达深奥的道理。教学语言在国外同样早已受到重视。戈诺博林在《论教师的教育才能》中指出教师语言艺术的要求是"语音是悦耳的，词汇是丰富的，语调是清晰而富有表达力的，"；"许多语言才能出众的教师，讲述都非常生动、具体、有趣味、在其中有许多比喻、修饰语、借喻、谚语、格言等等。这些富于表达力的手段会使教师的语言色调鲜明，趣味无穷，有力地影响听众的情绪，以简易、通俗、更明白的形式揭露问题的本质。教师的幽默和笑谑同样对学生有影响力。所有这一切都会使课堂活跃起来，带来富有朝气的乐观情绪，使头脑焕然一新，从而在活动中产生出愉快的劳动热情。"张武升在《教学艺术论中》一书中对教学语言艺术给予了一个综合性的定义：教学语言艺术指在教学中善于选择和使用富有审美价值的语言，创造出独特的语言表达方式和风格，以教书育人，陶冶学生的语言美感的创造活动。

实际上，教学语言艺术是一种高级的创造活动。因为，艺术的教学语言生动、简单，使学生爱听、乐听，有助于提高学习兴趣，有利于知识的理解和掌握，有助于提高教学效率。就学前儿童声乐教学来讲，教师也应做到讲演性和对话性的统一。教学语言交流的方式之一就是教师的讲演，即讲解、讲授、演示。可以说，课堂教学语言有一半以上是讲演性质的，这种讲演不是成人化的，而是充满学前儿童语音语调的。对话是教学语言的另一种形式。这里主要是指教师和学生之间的问与答的交流。因为对话不仅可以反馈讲演的效果，也可以推动讲演的进一步进行。在学前儿童声乐快乐教学中这一点显得尤为重要。学前儿童因为集中注意力的时间有限，如果过多地用直接的语言陈述声乐知识，容易让孩子失去兴趣，而如果采用启发性的对话方式，例如提出问题，然后解决问题，不仅可以让教师了解学前儿童掌握知识的情况，还能融洽师生感情，形成良好的教学氛围。在对话过程中，教师的语言要明确，让学前儿童一听就懂；要热情，让学前儿童听着顺耳，乐于参与；要有启发性，能引起学前儿童的思考和想象。

不同教师的语音虽有自然差异，但要力求读音准确、标准，清晰、自然、和谐。教学要使用普通话。发音不标准、不规范，不仅没有艺术审美效果，而且影响学生理解。福建是方言省，在教学实践中，有的教师往往喜欢用方言土语，认为这样会让学生感到熟悉，有趣，产生兴致。事实上，这种做法往往事与愿违，使用方言，并不一定能引起学生的兴趣，而且这种语言不能准确地传递教学信息。

语言既是声乐作品创作的基础，同样也是声乐演唱与教学的基础。"现代声乐艺术的主要因素是字，而不是音。实际上，就是通过字的内容和意义，达到传达我们思想感情的目的，而音乐节奏使音更加强调了这种思想感情。因此字必定是首要的，而音必须始终只是音乐的辅导者。"实际上，只有音乐充分表现出歌词的思想，才能使歌曲展现出应有的魅力。学前儿童因为生活经历、社会经验、知识结构等方面的限制，不可能对他们所要学习的声乐作品的语言及其意义有深入的了解，这就要求声乐教师自身首先对于声乐作品的歌词语言进行分析、理解，把握作品的主题，然后分析歌词形象所展示的抒情或叙事手段，其语言风格与音乐旋律所表现的特有的音乐色彩，以及如何以声情并茂的原则将声乐作品进行艺术再创造，掌握声乐作品的吐字、咬字的分寸与特点、语言韵律与呼吸共鸣的有机结合、语言形象与音色的力度变化、语言处理与感情体现的整体把握等等。声乐教师将自己对声乐作品的理解教授、分析给学前儿童，让他们对声乐作品有一个全盘的感受，只有学前儿童对作品有了一个相对全面、透彻的理解，他们才有可能融入作品的意境，表现出作品的艺术感染力。正如许多歌唱家所感受的那样："任何歌曲的表现都必须通过语言、文字来描述内心的感情活动，许多细致的、生动的表演，都有赖于对文字的了解和对语言的掌握，那深刻巧妙的一刹那，常常是产生与字里行间的会心的感受。"对声乐作品语言的理解是唱好一首歌的关键，因为声音的美必须蕴含着丰富的感情色彩，而丰富的感情色彩只有通过语言才可能得到准确生动的体现。只有理解，才能融入。只有声乐教师对作品的各方要素分析透彻，以易于接受的方式进行教学，学前儿童学起来才能轻松，快乐。

（三）环境快乐教学

这里所说的环境，一是指声乐教学的外部环境，二是指声乐教学的内部环境。学前儿童的声乐教学，特别要注意听觉环境和视觉环境的优美。声乐是声音的艺术，音乐教学的重要手段之一是聆听。听觉环境的优美，是创造良好听觉环境的关键因素。声乐教师清晰、悦耳的范唱能给学前儿童的听觉带来快感，并诱发美感的产生。教师经常在与家长的交流当中提醒他们，孩子放学回家和做完作业休息的时候，可以有意识地播放一些经典的少儿歌曲和民谣，为他们创建一个良好的背景音乐环境，即使他们并不十分留心在听，对他们音乐修养的提高也是大有裨益的。但是播放音乐、伴奏的时候，要注意避免音量过大或刺耳，以免乐音变成了噪音。

一个美好的视觉环境对声乐教学也是重要的。教室的布置应幽雅、艺术化，声乐教师的衣着要整洁、大方，任何教学手段的运用都要服务于创设一个审美气氛与情景的原则。教师经常变换琴房的布置、摆设，让孩子每次来上课都有新鲜、清新的感觉。有趣的是，每次的变化孩子都一目了然，而且都会向老师报告他们的新发现。这说明在学前儿童的意识当中，他们是很在意上课的环境的。此外，在孩子们来上课之前，教师都会注意自己的心境和仪表，无论发生什么事情，都要适时调整心态，以愉快的心情迎接他们的到来。教师在一期.《银河之星大擂台》当评委的时候，遇到这么一幕：五位参赛选手，谁能获得现场选出的五位小朋友的支持，谁就能晋级下一环节的比赛。结果五位小朋友无一例外，全部选择一号选手，一位二十出头的年轻女孩。问他们原因，小朋友们的答案都是：这位大姐姐长的好看，衣服漂亮、声音好听，我们喜欢。可见，仪表在学前儿童对某个人或事物喜欢程度的评判上占有很重要的地位。

我们还要关注学前儿童声乐课堂以外的大环境。在现代信息社会，学前儿童获取音乐生活的资源是没有国界的。即使是在"文化大革命"那个特殊的年代，全国齐唱"革命歌"，齐跳"忠字舞"、齐演"样板戏"、齐办"宣传队"，从客观上说也为这一时期的学前儿童提供了十分丰富的音乐学习机会。学前儿童更多接触到的是声乐课堂以外的社会音乐环境，声乐教师应该利用这一大环境，不失时机地培养和提升学前儿童的音乐审美素质。现在国内、国际间的音乐交流日益频繁，教师经常同家长一道带领孩子们观看各种民族经典音乐会和著名歌唱家的演唱会，或歌唱比赛的现场。观摩的同时，跟孩子们边欣赏边讲解，不但提高他们的欣赏能力，增强他们的情感体验，更培养了他们对音乐的无限热爱。声乐教师应该积极地为学前儿童提供表演的平台、创建相互学习交流的环境。教师和家长积极配合，经常将学前儿童参加各种演出、比赛的实况录制下来，编辑成碟，组织学生在一起互相观摩、评价、讨论，场面热烈、效果甚佳，家长和学生都很喜欢这种学习氛围。

歌唱需要一个好的心境，也就是内部环境。好的心境像一片沃土，像风和日丽、风调雨顺的好气候，只有良好的环境才能生长智慧和创造。声乐一对一教学的课堂气氛，如果教师和学前儿童都满怀兴致、有愉快的情绪，往往能提高教学的效能。声乐教师通常在自己的专业学习中都有过不愉快的体验：课外的烦恼影响到课上精神的集中，一唱就错，如果再碰上有的老师丝毫不顾学生的感受，机械地想要完成教学任务，结果整堂声乐课不欢而散。不仅如此，一堂失败的声乐课往往会造成后一堂课乃至几堂课的不自然情绪。学前儿童声乐教师要尽量避免这种不愉快的体验在孩子身上重演。当教师发现学前儿童因课外原因，如同学间吵架，某次考试成绩不理想等，而导致上课情绪失常，就不应该按正常情况开课，而是和他们谈心，帮助疏导不愉快的情绪；当课上学前儿童因无法理解教师的意思而出现急噪情绪时，教师应该先反省教材是否选择合适，教学方法是否需要变换等，因为呵护学前儿童的好心情，实际上就是在维护上好课的前提。声乐个别课像一场战争，情况瞬息万变，学生是活的，环境是活的，心境更是活的。心境就是部队的士气高昂的士气，是战场胜利的前提。赢得胜利的目标不变，顽强的意志不减，但意志通过韧性才能体现，刚而脆反易折断，顺应情事，战术灵活，才能驾驭教学进程走向进步和成功。

（四）体态快乐教学

这里所说的体态，一是指利用体态表现歌曲的内容，二是指教师在教学中的体态语言。体态动作与歌唱之间，可以说是具有密切联系的。中国古代学者就认识到体态与歌唱之间的关联性，"永（咏）歌之不足，不知手之舞之，足之蹈之也"。瑞士音乐教育家达尔克罗兹在 1900 年前后，提出了"体态律动"的学说，并在此学说的基础上建立了自己的音乐教育体系。他认为：学习音乐，特别是学习音乐的节奏，必须要依靠身体大肌肉的运动反应，而且这种身体运动的反应又必须与个人内心对音乐的反应紧密联系。达尔克罗兹的贡献在于，他第一次在理论和实践两方面同时确立了身体运动反应在音乐教育中的重要地位，强调只有在身心两方面都真正投入到音乐进行中之后，内心对音乐的感受、理解才可能是精确、生动的，同时，由此而产生的动作也才可能是一种真正充满生命活力的律动。在其后发展起来的大多数有影响的学前儿童音乐教育体系中，都可以看到"身体运动反映训练"的各种发展或变化的模式。

歌舞活动是学前儿童音乐活动的最基本形式。因为歌舞活动最符合学前儿童的认知水平。它把音乐唱出来，做出来，使原本抽象的音乐变得具体形象。我们时常会看到学前儿童在生活中边玩边唱，边唱边舞的情景。例如，一个孩子抱着心爱的布娃娃，边摇边哄娃娃睡觉边唱摇篮曲；一群小女生边跳橡皮筋边哼唱童谣，那动作本身就是一段舞蹈。可见我们在教儿童歌舞之前，歌舞已经存在于学前儿童的日常生活之中。而且歌舞本身具有寓教于乐的特点，能陶冶学前儿童的性情，启迪智慧，活跃思维，锻炼身心，更能培养学前儿童初步的音乐感受力和表现能力。我们知道，声乐作品反映社会生活，但又不是对社会生活的直接描写，而是音乐家把自己从现实生活中得到的个人看法、态度加以高度概括后，再用有意识组织起来的具体音响形式表现出来的结果，是一种社会审美生活的主观反映。而有些歌曲的内容，对于认知水平和生活经验有限的学前儿童来说是抽象的，要真正进入音乐是有难度的。因此，我们在为从童所学歌曲配以体态动作的时候，一定要力求与他们生理、心理的发展相吻合，让他们感到这首歌和这段舞描写的就是他们自己，进而产生丰富的联想和想象，只有这样，孩子们才会感到声乐作品的可亲、可爱。

体态语言这一概念（或称非语言）是上世纪 80 年代引进的，其主要含义是指人身体的动作变化所传递的信息或表现的意义。对于人类的非语言交流，最早见于达尔文 1872 年出版的《人类和动物的表情》一书中。达尔文发现，人类和动物一样，除用有声的语言交流信息外，还用无声的非语言例如各种表情来交流信息。西方关于教学中非语言交流的研究也较早存在。根据凯斯的研究，教师的非语言交流涉及如下几个主要方面：（1）视线的方向：在哪里，哪种程度的表情，能给予对方否定的或肯定的强化；（2）表情的丰富：以表现出具有什么样的感情和态度，才起强化的作用；（3）接近的程度：以什么样的态度，表示双方的距离的亲密和喜恶程度的程度；（4）姿势：反映两者的感情和态度的情况，也与喜爱厌恶程度有关系；（5）头部的活动：表示两者之间认可和否认的程度；（6）表示意志情感的姿势：和两者的感情的状态有关，和亲密的接近的行为相结合；（7）身体的接触：反映两者之间感情表现的程度。

在我国，教学的非语言艺术也日益受到重视和研究。王北生在其《教学艺术论》中，专门研讨了教学中非语言艺术的各种问题。体态语言有助于语言的表达，使语言表达更加明白和易懂，并弥补语言表达的不足，或扩展和延伸语言的含义，比如，学生上声乐课时走神，教师可以不用直接的语言去批评，而是以沉默的神情示意。这就是一种有效的体态语言。在学前儿童声乐教学中，体态语言，如面部表情的变化、眼神、手势的变化等，特别有助于吸引学生的注意力，引起学习兴趣。生理心理学研究表明，人的视觉、听觉的注意力，尤其是学前儿童，不宜长久地集中在一个固定的信息源上，因为这样易于疲劳。教师在教学过程中，不断使用体态语言，使学前儿童的视觉、听觉不断变化集中点，获得新鲜的刺激，以保持注意力的集中和学习精力的旺盛。

三、学前声乐快乐教学的新要求

科技发展和经济进步在给人们带来伟大成就的同时，也给各个行业提出了更新更高的要求。作为一名光荣的学前儿童音乐教育工作者，理当顺应这一时代的潮流，接受新的挑战，不断发展和提高自己的综合素质。

声乐教师，顾名思义，就是一位在声乐方面有所研究、有一定造诣的教育工作者。但随着综合国力的增强，人文素质的不断提升，对声乐教师，尤其是肩负着培养祖国下一代的历史重任的学前儿童声乐教师，要求就不仅限于此。教师认为，他（她）应在声乐本体（演唱、表演、理论、声乐教学等方面）、音乐修养、教育学、心理学、生理学、语音学、社会学等方面不断提升和发展自己的理论和实践水平，以满足当下学前儿童声乐，乃至整个音乐教育全面、可持续的发展。

（一）声乐本体方面

声乐教师应该具备良好的演唱能力、丰富的舞台表演经验、厚实的声乐理论基础，才能对学前儿童进行深入浅出的教学。我们会发现，那些实践经验丰富的教师能引导学生从音乐出发，唱出自然而又好听的音乐，他们的声乐训练的标准是什么呢？标准就是正确的声音概念，即有良好的听觉辨别能力。我国著名声乐教育家、歌唱家沈湘教授指出：好的声音概念是非常要紧的，声乐教师的最终目的就是改变学生的声音概念，教唱的全过程就是不断改变学生声音概念的过程，训练老师和学生的耳朵，培养歌唱家的耳朵。一个成功的声乐教师，应该对学生歌唱过程中嗓音出现的任何变化有敏锐的洞察力，这样才能帮助学生及时认识错误，改正缺点，毕竟音乐是听觉的艺术，歌唱尤其如此。同时，学前儿童声乐教师还应具有很强的声音模仿和范唱能力，因为成人和学前儿童的音色和音区有较大差异。前文提到，学前儿童的认知处于写实阶段，用成人嗓音写意性的范唱，是不可能帮助学前儿童形成正确的声音概念的。也就是说，在给学前儿童解释声音概念的时候，我们只能将其比作贴近他们生活的实物，而不能按只有成人才能够理解的声乐术语来指导他们。

（二）音乐修养方面

音乐修养方面包括乐理、和声、音乐欣赏和舞蹈编排能力等。在这里想重强调教师音乐欣赏和舞蹈编排能力。音乐欣赏在学前儿童声乐教育中，对于提升学前儿童感受音乐、欣赏音乐的能力具有重要的作用。让学生广泛、深入地接触各种题材、体裁、形式、风格的古今中外的优秀声乐作品，能帮助他们较快地提高对声乐的鉴赏力和表现力，进而培养他们对声乐作品的分析、判断能力。而这一切的实现，都有赖于声乐教师自身的音乐欣赏水平。近代学习心理学的信息加工理论认为：冗余度（熟悉程度）过低的刺激，不易激发起主动的探究、操作行为。对于缺乏音乐修养的学前儿童来说，音乐信息对他们显然是冗余度极低的。因此，只有教师本身的音乐欣赏能力达到一定的水准，具备一定的音乐欣赏积累，才可能在选材、设计上找到切合学前儿童冗余度的作品，否则，无论作品的品位、音乐价值多高，都不可能在学前儿童的价值体系里得到认同。

舞蹈编排能力也是学前儿童声乐教师应该具备的素质之一。学前儿童天性活泼好动，在歌唱的过程中，不可能像要求成人一样，始终保持直立的体形。此时教师的舞蹈编排能力显得尤为重要，在保证学前儿童发声不受影响的前提下，适当加入符合学前儿童年龄特点的、有助于表现声乐作品内容的形体动作，就能大大提升学前儿童声乐学习过程中的愉悦性。

（三）文学修养

学前儿童声乐教师应该在日常生活中不断提高自己的文化修养和生活体验。因为声乐作品的题材都是来源于生活，反映的是不同历史时期不同文化背景下社会的方方面面。学前儿童在学习声乐的过程中，不仅会接触到我国丰厚的民族音乐遗产（我国五十六个民族，每个民族都有自己的方言和民谣），而且还会接触到世界各国优秀的音乐作品，必然会对我国乃至世界的音乐发展史、著名的音乐家、音乐作品所代表的历史和文化背景产生兴趣。如果教师对这方面的知识没有涉猎，往往不能给学前儿童一个满意的答复，也会让学前儿童对教师的权威性产生怀疑。比如在教澳大利亚民歌《剪羊毛》时，学前儿童往往会问"他们为什么要剪羊毛？"这是教师应该积极应对的问题。教师如果不了解澳大利亚是一个以畜牧业为主要产业的国家，绵羊品种质量和保有量均居世界前列，剪羊毛因而是当地最具特色的生产劳动方式之一的话，这堂声乐课将变得不完整、不生动，因为孩子强烈的好奇心和求知欲没有得到满足。再比如，在教《歌唱二小放牛郎》这首歌的时候，当小朋友问及"王二小是谁？"时，教师应该告诉他们这是取材于抗日战争时期发生在边区的真实故事，十三岁的放牛娃王二小机智地将敌人引进我军的埋伏圈，敌人被消灭，他却英勇牺牲了。只有在这种故事的导入下，孩子才能进入作品的情境，进行真实的体验。

（四）教育学与心理学。

教师一定要了解学前儿童在学习过程中的心理，才能有效地实施教学。教师应该了解学前儿童心理活动与成人不同，比如，注意力的持续时间是不同的。教师在教学过程中，应该让学前儿童进行呼吸训练、练声、模唱、朗诵歌词、带动作歌唱等环节的交替练习，以提高孩子学习的兴趣。如果用成人的标准来要求学前儿童一气呵成的练唱完再休息，非但苦了孩子，还会使他们养成慢、差、废的习惯。

（五）生理学

声乐教师一定要了解学前儿童声音器官的构造与成人的不同，不要违背其生理规律进行教学。声乐教师应该把握好歌曲难易程度、练声时间长短、音色的调节及音量的控制等几个方面。例如，有些教师不了解男女童声在变声前音色是统一的，但他们抱着男声比女声低一个八度的成人声音概念来教学，造成很多男童压着唱，殊不知这对男童声损害极大。

（六）社会学

学前儿童学唱歌，教师教只是一个方面，大多数时间是家长在督促，因此学前儿童能否学好唱歌，家长起到非常关键的作用。因此，教师的职责不仅是让学前儿童掌握正确的声乐学习方法，还应该让家长一开始就了解正确的教学方法，通过家长的督促提高学前儿童学习的效率和质量，这是学前儿童学习声乐行之有效的方式。铃木教学体系就非常强调母亲在教学活动中扮演的重要角色。因为她们和自己的孩子一起开始学习，以自己对学习活动的热情态度和实际行动来充当激励学前儿童的榜样，以自己随时学到的知识、技能来充当学前儿童课外练习的指导，并且以母亲的权威身份和与学前儿童之间的特殊情感来影响和激励学前儿童，使他们从家长的肯定态度中看到自己的成功，增强自信心。因此，教师与家长的及时沟通，争取家长全力以赴的配合，是学前儿童声乐教育成功的一个重要因素。

（七）语音学

语音学是一门具有独立体系的学科，单是研究这个问题也会让人穷其一生，这里教师只探讨与学前儿童歌唱发声有关的问题。学前儿童声乐教师一般关注的是训练方法的研究，而对于产生方法的背景和科学基础都不太重视。实际上，声音是纯粹个人感觉的问题，但越是如此，越需要对声音产生的科学知识有所了解。比如，一些声乐教师因为对语言学知识的欠缺，没有严格区分咬字与发声的关系，也就分不清咬字部位和行腔部位的区别，造成字和声音粘在一块，含糊不清。又如，从语音学的角度来说，头声缺乏母音特点，而富有器乐的因素，即头声比胸声的发音要稍微不清楚一些，但一些教师并不了解这一点，用胸声的方法去唱头声，以致于破坏了美好的声音，损失了声音的共鸣。从这一点来说，学前儿童声乐教师了解一些语音学的知识，对学前儿童及其声乐教学都是很有裨益的，因为童声基本是真声，容易造成只有胸声没有头声的假象，这种现象在现代声乐教学中还普遍存在，这是值得关注的。

参考文献

[1]刘伟霞.高职学前教育专业声乐教学的问题及对策研究[J].中国校外教育,2013,04:138+137.

[2]张向鑫.谈学前教育专业声乐教学[J].延边教育学院学报,2013,02:20-21+25.

[3]李明.浅议高职学前教育专业声乐教学的有效途径[J].学理论,2013,15:319-320.

[4]张倩.浅论高校学前教育专业声乐集体课教学评价[J].湖北成人教育学院学报,2013,03:104-106+103.

[5]刘伟,王善虎,吕小允.高校学前教育专业声乐教学模式探析[J].宿州学院学报,2013,05:116-118.

[6]时霞.学前教育声乐技能集体课教学评价体系建设初探[J].歌海,2013,04:104-112.

[7]刘莉红.学前教育专业声乐教学的反思与改革[J].学周刊,2013,29:193.

[8]肖素芬,唐大章.高师学前教育专业声乐教学的改革策略[J].大舞台,2013,11:151-152.

[9]杨晓,刘娟.对学前教育专业声乐教学的思考—以大理学院为例[J].大理学院学报,2012,01:102-104.

[10]赵华静.谈学前教育专业的声乐教学方法[J].现代教育,2012,01:59-60.

[11]曹红星.学前教育专业学生声乐教学新模式构建探究[J].湖北函授大学学报,2012,04:131-132.

[12]汪伟林.学前教育专业声乐教学中的律动情感教学方法策略[J].音乐时空(理

论版),2012,04:103-104.

[13] 李梦华.高职学前教育专业声乐教学的再思考[J].中国成人教育,2012,11:123-125.

[14] 张青云.学前教育专业声乐课教学思考[J].沙洋师范高等专科学校学报,2012,01:68-70.

[15]陈永海.浅谈在高职学前教育专业声乐教学中朗诵歌词的重要性[J].音乐时空,2015,01:159.

[16]邓颖贞.基于多元化理念的高职学前教育专业声乐教学研究[J].柳州师专学报,2014,06:114-116.

[17] 金铃玲.学前教育专业声乐教学的社会化方式初探[J].鸡西大学学报,2015,02:23-24.

[18]樊潇潇.学前教育本科专业声乐教学改革初探[J].科技展望,2015,09:163-164.

[19]张静.对学前教育专业声乐教学的探究[J].音乐时空,2015,09:155.

[20]王雅新.学前教育专业声乐教学改革势在必行[J].音乐生活,2015,05:92-93.

[21]龙有成,范燕华.高校学前教育专业声乐教学的反思与改革策略[J].戏剧之家,2015,17:224-225+227.

[22] 陈长玲.增强学前教育专业声乐教学的实效性[J].美与时代(下),2015,09:121-123.

[23]龙有成,范燕华.高校学前教育专业声乐教学探析[J].大舞台,2015,10:209-210.

[24]朱婕平.关于学前教育专业声乐教学的反思[J].音乐时空,2015,21:165.

[25]蔡兆梅,党爱娣.学前教育专业(艺术方向)声乐小组课教学与实践—以兰州城市学院为例[J].高教论坛,2011,11:26-28.

[26]张金才,吴绍萍.高师学前教育专业声乐教学有效性探究[J].艺术科

技,2015,11:280.

[27]张琪.学前教育声乐教学中美育的渗透[J].当代音乐,2015,23:43-45.

[28]向莹莹.职业技术学院五年制学前教育专业声乐教学模式的研究[J].音乐时空,2016,04:155-156.

[29] 王艺青.中职学前教育专业声乐教学现状及改革新探[J].黄河之声,2016,03:39.

[30]刘剑.浅谈高职学前教育专业的声乐教学改革策略[J].中国职业技术教育,2016,20:81-83.

[31] 李磊.学前教育声乐教学模式探析[J/OL].当代教育实践与教学研究,2016(08).http://www.cnki.net/kcms/detail/10.16534/j.cnki.cn13-9000/g.2016.1631.html

[32]陈丽清.学前教育声乐教学研究与探索[J].知识经济,2016,18:176+178.

[33]王丹.新时期学前教育专业声乐教学模式的创新研究[J].佳木斯职业学院学报,2016,09:356+358.

[34]卓莉莉.对专科学校幼师学前声乐教育专业教学的探析[J].教育现代化,2016,30:38-39.

[35] 王璐.学前教育专业声乐教学一体化模式的构建[J/OL].黄河之声,2016(12).http://www.cnki.net/kcms/detail/10.19340/j.cnki.hhzs.2016.12.050.html